专项体育运动身体训练指导丛书

篮球运动
身体训练指南

黄岩　　　　**焦健**　　　　**段松**
北京市体育科学研究所　　国家男子篮球队前队员　　北京什刹海体育运动学校

编著

人民邮电出版社
北京

图书在版编目（CIP）数据

篮球运动身体训练指南 / 黄岩，焦健，段松编著
. -- 北京 ：人民邮电出版社，2020.7（2024.1重印）
（专项体育运动身体训练指导丛书）
ISBN 978-7-115-53209-1

Ⅰ．①篮… Ⅱ．①黄… ②焦… ③段… Ⅲ．①篮球运
动－身体训练－指南 Ⅳ．①G841.2-62

中国版本图书馆CIP数据核字(2019)第294328号

免责声明

本书内容旨在为大众提供有用的信息。所有材料（包括文本、图形和图像）仅供参考，不能替代医疗诊断、建议、治疗或来自专业人士的意见。所有读者在需要医疗或其他专业协助时，均应向专业的医疗保健机构或医生进行咨询。作者和出版商都已尽可能确保本书技术上的准确性以及合理性，并特别声明，不会承担由于使用本出版物中的材料而遭受的任何损伤所直接或间接产生的与个人或团体相关的一切责任、损失或风险。

内 容 提 要

优秀的身体素质是运动水平得以良好发挥的必要支撑。本书在分析篮球运动特点的基础上，对于腿部、腰背部与核心、上半身功能性、爆发力、反应速度、恢复和预防损伤提供了有针对性的练习动作，同时以图解的方式分步骤讲解动作要点，并配有关键步骤的动作解剖图，以更直观的方式呈现训练目标，帮助练习者有针对性地进行肌肉训练，有效提升运动水平。此外，本书为每个训练动作标注了注意事项、目标锻炼肌群，以及与篮球技术相结合的要点提示，适合想不断提高技术水平的篮球爱好者、专业运动员以及致力于提升执教水平的教练员阅读。

◆ 编　　著　黄　岩　焦　健　段　松
　　责任编辑　林振英
　　责任印制　周昇亮

◆ 人民邮电出版社出版发行　　北京市丰台区成寿寺路 11 号
　　邮编　100164　　电子邮件　315@ptpress.com.cn
　　网址　https://www.ptpress.com.cn
　　涿州市般润文化传播有限公司印刷

◆ 开本：700×1000　1/16
　　印张：10　　　　　　　　　　2020 年 7 月第 1 版
　　字数：167 千字　　　　　　　2024 年 1 月河北第 5 次印刷

定价：59.80 元

读者服务热线：(010)81055296　印装质量热线：(010)81055316
反盗版热线：(010)81055315
广告经营许可证：京东市监广登字 20170147 号

目录

扫描右侧二维码，添加企业微信，回复关键词"53209"，根据提示免费获取本书附赠电子资源。

在线视频访问说明

本书提供训练动作的教学视频，您可通过微信"扫一扫"，扫描书中的二维码进行观看。

步骤1　打开微信"扫一扫"（图1）。

步骤2　扫描动作练习页面上的二维码。

步骤3　如果您尚未关注微信公众号"人邮体育"，扫描后会出现"人邮体育"的二维码。请根据说明关注"人邮体育"，并在关注后点击"资源详情"（图2），即可进入动作视频观看页面（图3）。如果您已关注微信公众号"人邮体育"，扫描后可直接进入动作视频观看页面。

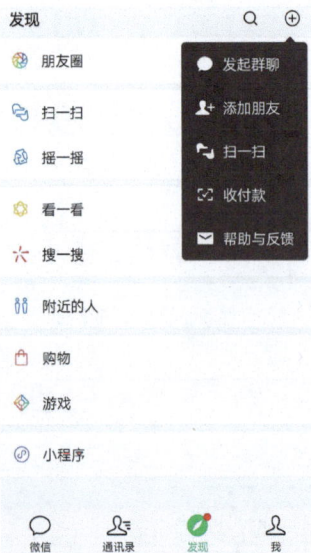

图1

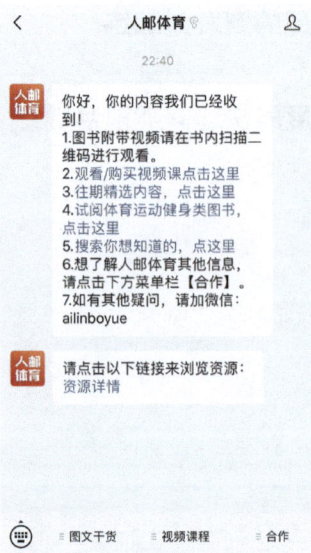

图2

图3

第 1 章

篮球运动身体训练简述

篮球运动属于对抗性较强的项目，在整场球赛中，球员一直处于不停地跳跑状态中，且攻守转换快，节奏强，是一项对身体综合素质要求很高的运动。到今天，篮球运动已经历时 100 多年，篮球运动越来越盛行，职业篮球更是得到了长足的发展，赛事也越来越多。赛事举办频率的不断提高，对球员身体素质也提出了更高的要求，因此，如何增强力量和爆发力、提升跳跃能力、提高加速度等也都成了球员发展过程中必须考虑和解决的问题。

另外，运动损伤也是篮球场上很难避免的事情。在有限的 28 米长、15 米宽的篮球场地上，面对高对抗性和得分的压力，球员要频繁地跳跃和投篮，在这个过程中膝关节和肩关节使用频率非常高，因此，受伤的概率也很高。虽然运动损伤不可能完全避免，但通过训练加强这些部位则可以有效预防损伤的发生，因此，越来越多的教练和运动员也将预防损伤的训练加入日常的训练计划中。

与传统的靠技战术取胜的思想相比，今天的篮球已经发展成为更高水平的竞技项目，球员技术差别不断缩小，更多的则是身体素质的比拼，依靠提高身体素质以提高球员和球队的整体水平也变得越来越重要。因此，如何提升球员的运动技能，减少运动损伤，是需要关注的两个问题。良好的身体素质训练，不但能改善球员的个人体质和技战术水平，也能塑造强壮的关节和肌肉，帮助球员预防并减少运动损伤。

1.1 篮球运动身体训练要点

篮球运动的特点及不同位置的要求

篮球运动的典型特点就是对抗激烈。据统计，一场球赛下来，球员平均奔跑距离在 5000 米左右，双方攻守转换超过 200 次，球员跳跃和进攻投篮也多达 100 多次。从这些数据可知，篮球运动不仅强度高，而且运动量大，且对抗性的防守和进攻决定了球员处于不停奔跑弹跳的状态中，因此，优秀的弹跳能力、高水平的速度和灵敏素质是打好篮球的重要身体基础。

在 5 对 5 的篮球赛制中，一场球赛有两个球队参加，每队有 5 名球员在场上。

这 5 名球员都有自己的位置和角色，分别是：1 号位组织后卫、2 号位得分后卫、3 号位小前锋、4 号位大前锋、5 号位中锋。这 5 个位置根据球员作用划分，每个位置的球员都有自己的特点，在身体素质上也各有所长，整个队伍需要他们相互配合以发挥出更大的作用。一般来说，内线球员（一般指大前锋和中锋）有身高优势，具备出色的对抗力量和弹跳能力，外线球员（一般指后卫和小前锋）更具有灵活性，有快速反应能力和快速起动的能力。

下面根据球员位置的不同，分析球员特点和所需要的身体素质。

◆ 1 号位组织后卫

组织后卫是球队的灵魂性人物，他不仅要技术过硬，其他综合能力也要非常出色，例如要有出色的运球能力、对场上赛况的分析能力，以及快速的反应能力，以将球分配给最合适的队友。可以说，组织后卫出色的组织能力带动着整个球队的运转。

◆ 2 号位得分后卫

2 号得分后卫要有强健的体魄和精准的投篮能力，他的主要任务是进攻和得分，要具备优秀的弹跳能力和爆发力。

◆ 3 号位小前锋

小前锋也是对球员综合素质要求非常高的一个位置，首先在身高上就有一定的要求，一般来说多低于中锋和大前锋，但是要高于后卫。其次作为最外线球员，小前锋不仅要具备在侧翼得分的能力，还要策应内线外线，将球队串联在一起，综合了防守、冲篮、打破防守的功能。因此，小前锋不仅要有出色的技术，在身体素质上，要有良好的速度、灵敏性和弹跳能力。

◆ 4 号位大前锋

大前锋在队伍中，要具备强壮高大的身材，该位置的主要作用就是和中锋配合起来抢篮板，并负责防守。另外，大前锋离篮筐较近，虽然投篮机会不多，但有机会投篮时，需要很高的命中率。大前锋需要强壮的身体，和一流的速度。

◆ 5 号位中锋

中锋位于篮球队形的中心位置，也是球队的中心和灵魂。一个优秀的队伍中，中锋要具有高大强壮的身材（一般在球队中身高最高），能攻能守；中锋所处的位置尤为重要，位于和对方对抗的中心地带，不仅要技术过硬，攻守兼备，还要纵观全局，指挥对抗，同时抢篮板球、盖帽、封堵等也都是中锋必不可少的技能。因此，中锋要拥有优秀的力量、弹跳能力、灵活性和反应能力。

不同身体素质的训练要点

如前所述，篮球运动综合了力量、爆发力、耐力、速度、协调性、平衡性等多项身体素质，在具体的运动表现上，身体的不同部位也有各自的特点，因此，在训练时，要结合不同的部位，有侧重地进行训练。

◆ 力量训练

我们身体所有的素质，都建立在力量训练的基础上，没有力量，就谈不上其他身体素质。篮球运动中，频繁的弹跳、跨跳、投篮等动作，需要强大的力量来支撑，如果肌肉没有力量，不仅所做的动作不到位，还容易造成损伤。

进行力量训练时，常用的方法是肌肉抗阻训练。在抗阻训练中，肌肉在对抗阻力过程中发生肌纤维的轻微撕裂；然后肌肉在恢复过程中会产生更多的肌纤维，使肌肉维度增大，运动时募集到更多的运动单元，做出更大的功。

力量训练一般遵循超负荷和渐进负荷的原则，超负荷是指目前肌肉训练的最大负荷；渐进负荷，顾名思义就是逐渐增加的负荷，练习者在训练过程中，适应当前负荷后，要增加负荷继续进行训练。

除此之外，相对于篮球运动，力量训练不应单单针对肌肉，还应针对关节周围的软组织。因为篮球力量的运用伴随着大量的弹跳、跨越、投篮、跳步、急停、转身等动

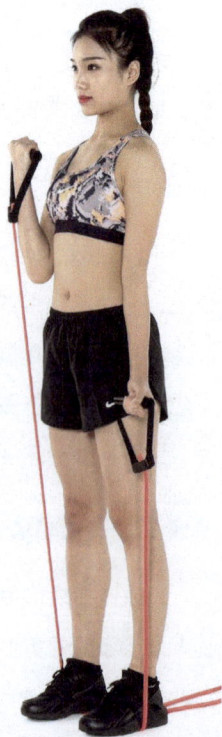

作，身体也经常处于半蹲的发力状态，扭转动作较多，因此关节需要周围有强有力的肌肉和软组织来支撑。针对强化关节，练习者可借助适当的器械，进行关节部位参与较多的力量训练。

◆ 爆发力训练

在高速状态下释放出力量，就表现为爆发力。爆发力是力量和速度的综合表现。在篮球场上，投篮需要手臂和肩背部的爆发力，盖帽和扣篮需要手臂、肩背部和腿部的爆发力，抢断和突破需要身体的整体爆发力……可见，在篮球运动中爆发力训练是必不可少的。

肌肉快速做功是基本条件，因此爆发力训练是在力量训练的基础上进行的，常规的力量训练是必要的。除了常规的力量训练外，球员还要进行爆发性力量练习。例如主要针对上肢的爆发性举重训练、药球训练、壶铃训练，以及主要针对下肢的快速伸缩复合训练等，这些训练项目有较多的摆动、投掷和跳跃动作，可以锻炼肌肉快速发力的能力。

◆ 弹跳力训练

弹跳能力是综合性较强的一种身体素质，既包含力量，也包含速度，以及身体的柔韧性、协调性等素质。弹跳能力的好坏，受先天条件的影响，但更重要的是后天训练。弹跳能力是篮球运动中非常主要的素质，抢篮板、跳投、盖帽等都离不开跳跃。

弹跳能力的主要发力部位是腿部，同时也需要腰腹部和肩部的协调配合。提高弹跳能力有很多方式，例如跳箱练习，以及各种深蹲和跳跃的训练。除此之外，扩大关节的活动范围、增加肌肉弹性也很重要，球员可以通过拉伸训练来达到这一目的。

◆ 协调性训练

协调性是多项身体素质的综合表现，是对身体的一种有效控制能力，在篮球运动中，可具体表现为对空间的把握能力、对形势的分析和预判能力、及时做出正确反应的能力，以及维持身体平衡的能力。

首先是对空间的把握能力：球员要能正确判断球场上队友的位置，预判队友和球的移动情况，然后随之做出合理的决断。

对形势的分析和预断能力，以及及时做出正确反应的能力：在实际比赛中球场形势多变，可能前一刻你准备突破，但下一刻就需要根据形势调整策略，并根据需要及时改换动作。

维持身体平衡的能力：篮球运动的对抗性使身体经常处于进攻和防守不断切换中，并且要抓住时机投篮、抢篮板，因此，要求球员有良好的平衡能力，使身体时刻保持平衡。

我们常用的协调性训练方式有纵跳、横跳、方形跳、转向跳、单脚跳等，以及用一些小器械辅助训练，例如 BOSU 球、平衡垫、瑞士球等。

1.2 训练计划设计原则

针对运动专项进行身体素质训练，都要遵循一定的原则和顺序，篮球运动身体素质训练同样也需要按照一定的规则来进行，总体而言，要有选择地进行练习，兼顾顺序原则和强度原则。

关于训练的选择

赛季训练选择：篮球在赛季前后期的训练，一般分三个时期进行，分别是赛前、赛中、赛后。赛季前训练专注于力量、速度、灵活性等的训练，用高强度训练使球员身体迅速适应高强度状态；赛季中训练负荷轻，以一般力量训练为主，兼顾灵活性与速度；赛季后训练主要是球员的恢复和调整，专注于球员机体的恢复。

常规训练项目选择原则：在选择训练项目时，可以结合篮球技能，用主要练习搭配辅助练习的模式进行。主要练习指全身多个肌肉群、关节参与的训练；辅助练习指只针对单个肌肉或关节进行的单独训练。

训练的顺序原则

◆ 以力量训练为基础

一般来说，身体素质练习也要分阶段进行，且每个阶段都有一定侧重。力量和爆发力的训练是篮球训练的基石，这两者也有先后顺序，首先选择力量练习，然后进行爆发力练习，因为前者是后者的基础。

◆ 综合训练时，遵循高速爆发力练习→负重→辅助练习的顺序

高速爆发练习需要在良好的身体状态下进行，如果一开始就进行负重或自重练习，练得很疲惫了才开始高速爆发练习，不但练不出应有的效果，还有可能造成运动损伤。相反，高速爆发力练习时间短，短暂耗能后还能进行其他训练。

◆ 先易后难，进行渐进式训练

在训练难度上，遵从先易后难的顺序；在训练负荷上，应逐渐增加训练负荷。

训练的强度原则

根据球员练习目的的不同，训练强度也有区别。如果强度过小，达不到训练目的，过大则又会损伤机体。这种强度主要表现在基础力量训练上。

在基础力量训练中，每种练习的重复次数在5～10次，根据自身锻炼目的，可自行稍作调节。在爆发力训练中，每次完整的总重复次数应控制在20～28次。如果超量训练，会给身体带来疲劳感。

每周练习的频率，根据训练负荷的不同进行适当变化，保障总训练量达标，并且使身体劳逸结合，以取得最好的训练效果。

1.3 了解常用器械，提前做好准备

在进行身体素质训练时，很多时候要依靠一些器材才能进行更全面的训练，以

取得更好的训练效果，篮球运动身体素质训练也是如此。针对篮球身体素质训练，本书中安排的训练项目会使用到一些训练器械，如弹力带、哑铃、瑞士球等，下面针对这些器械，简单介绍其作用和选购，方便读者提前做好准备。

◆ 弹力带

弹力带是一种由乳胶制成的小型健身训练器械，根据其外形可分为扁平的带状和管状两种。在健身中，它的弹力可以有效改善身体的灵活性，增加肌肉力量，提高身体柔韧性。在专业运动训练中，运动员可以结合自身锻炼需要，用弹力带辅助训练，这有助于从整体上改善运动员的身体素质。

制造商对于弹力带的阻力设置并没有统一的制作标准，一般来说，可以从弹力带的颜色来比较它的阻力。颜色越浅，阻力越小；颜色越深，阻力越大。在选择时，练习者应基于理论阻力考量，要多试拉几次弹力带，根据自身的感受选择最合适的弹力带。

◆ 哑铃

哑铃是广受健身者欢迎的一种健身器械。哑铃的重量为 2.5 ~ 60 千克，也有更重的，主要用于增强肌肉的训练。哑铃一般可分为固定重量哑铃和可调节重量哑铃两类。固定重量哑铃通常由金属材料制成，其配重无法增加或减少，是健身房里最为常见的一种哑铃。可调节重量哑铃类似于小型杠铃，两端可通过增加或减少铁片来改变重量。哑铃从轻到重可分为多个等级。练习者可以根据自身特点和需求来选择合适的哑铃。

◆ 瑞士球

瑞士球也叫健身球，因最早起源和发明于瑞士而得名。瑞士球最早是作为玩具被发明出来的，后来才因其特殊的训练功能被物理治疗师运用于康复医疗领域。作为一种康复医疗设备，瑞士球可以用来帮助那些运动神经受损的人恢复平衡和运动能力。随着它在恢复腰、背、颈、髋关节、膝关节等功能方面发挥作用，逐渐被延伸推广为一种流行的运动训练器械。

选择瑞士球通常是基于练习者的身高。当练习者坐在一个球上时，其臀部应该略高于膝部，且双脚应该平放在地板上。

◆ 壶铃

常见的壶铃有两种：铸铁材质的经典壶铃（或健身壶铃）和钢制的竞赛壶铃（或运动壶铃）。尽管名字代表了它们较为常见的使用方式，但是竞赛壶铃也可用于健身，而经典壶铃也可用于竞赛。

壶铃的重量范围为 1 ~ 90 千克。练习者可以根据自身的情况，比如训练水平、身材等，来决定所要使用的壶铃。除了重量以外，在选择壶铃时还要注意把手的粗细：太粗的把手抓握不住，训练中容易失控造成损伤；太细的把手也会带来一定的安全风险。把手到球体之间的距离也是一个重要的考虑因素：如果空间太小，手会很难或无法完全放入把手，那么就不能完成高翻、抓举等训练动作；如果空间过大，手与壶铃就不能紧密配合，需要前臂来稳定，这样手的控制力会不够，而且动作的稳定性也会下降。因此，要选择间距合适的壶铃。

◆ 迷你带

迷你带又叫环形弹力带，是一种易于携带、简单方便，且十分有效的小型体能训练工具，最初被用于医疗康复领域，用来帮助一些慢性病患者，针对他们力量薄弱的肌肉进行抗阻练习。因为迷你带可以由练习者自己控制，锻炼方式也比较安全，所以常用来做康复性训练。而随着运动技术的发展，这一安全的康复器械也逐渐被应用在健身和专项体能训练领域。

◆ BOSU 球

BOSU（Both Side Up 意为"两边向上"，指 BOSU 球有两种放置方式）球，又称为波速球，它看上去就像半个球体，事实上，它是由一个硬质圆形平台和附着其上的充气橡胶半球构成的。BOSU 球常被用于平衡性训练。当非稳定面（半圆的那一面）朝上时，BOSU 球可提供一个不稳定的表面，而其自身保持稳定；当非稳定面朝下时，BOSU 球可提供一个稳定的表面，但其自身不平衡，无法保持稳定。这种稳定与不稳定结合的形式，使其可以被广泛应用于各种运动人群，同时也使其可以被应用于多种训练目的的练习。

第 2 章

腿部训练

哑铃 – 基本深蹲

1. 直立站姿，双脚分开，距离约与肩同宽或略宽于肩。双手各握一只哑铃，自然垂于身体两侧。
2. 屈髋屈膝向下深蹲，至大腿与地面平行。
3. 回到起始姿势，重复规定次数。

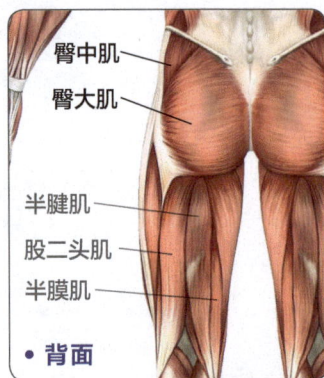

臀中肌
臀大肌

半腱肌
股二头肌
半膜肌

• **背面**

身体下蹲时，髋关节首先后移，有助于脚跟紧贴地面。

膝关节应始终保持与脚尖朝向一致，且不要内扣。

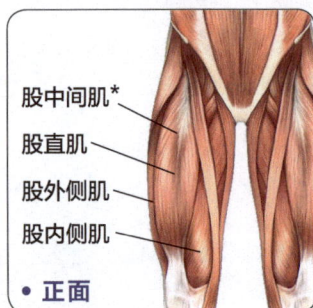

股中间肌*
股直肌
股外侧肌
股内侧肌

• **正面**

视角 转换

腰背挺直。

注：肌肉解剖图中，用黑色字体表示的为目标肌肉；用灰色字体表示的为其他工作肌肉；加"*"标注的表示深层肌肉。

聚焦篮球

1. 此练习可以增强腿部与核心的肌肉力量。有助于增强向地面施加最大的力，从而提升篮球运动中的加速和跳跃能力。
2. 此练习可以提高准备接球和抢篮板球时的对抗能力，同时下肢力量的增强还会提高跳跃后落地的稳定性。

避免

1. 脊柱未处于中立位。
2. 身体前倾，脚跟抬离地面。
3. 膝关节超过脚尖。
4. 膝关节内扣。

目标锻炼肌群

臀大肌
臀中肌
股中间肌
股内侧肌
股外侧肌
股直肌

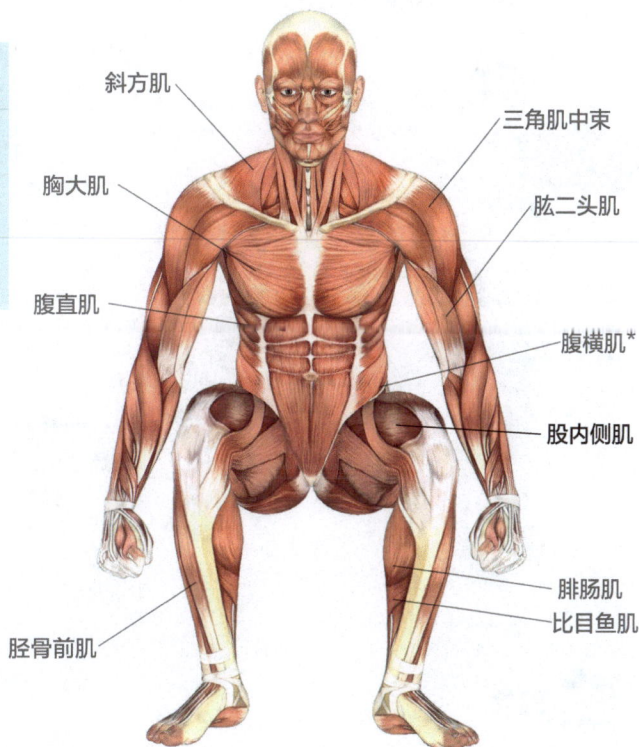

斜方肌
三角肌中束
胸大肌
肱二头肌
腹直肌
腹横肌*
股内侧肌
腓肠肌
比目鱼肌
胫骨前肌

益处

· 增强股四头肌和臀大肌力量

有下列问题时不建议做此项练习

· 膝部问题

负重袋 – 前蹲

1. 直立站姿，双脚分开，距离约与肩同宽或略宽于肩，肘关节弯曲，双手握负重袋举在胸前。
2. 屈髋屈膝向下深蹲，至大腿平行地面，并保持负重袋稳定。
3. 回到起始姿势，重复规定次数。

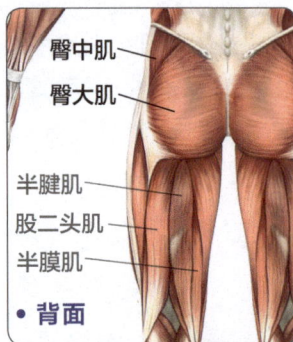

臀中肌
臀大肌
半腱肌
股二头肌
半膜肌

● **背面**

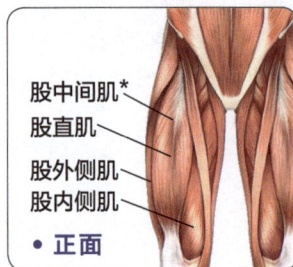

股中间肌*
股直肌
股外侧肌
股内侧肌

● **正面**

腰背挺直。

膝关节应始终保持与脚尖朝向一致。

到达练习的底部位置时不要弹起，要通过伸展髋关节和膝关节来改变方向。

视角 转换

聚焦篮球

1. 与后蹲相比，前蹲过程中身体可以更加挺直。这种挺直的体位使腰部受力更小，可以更好地锻炼到股四头肌肌群。
2. 像后蹲一样，前蹲是篮球运动员的重要训练项目。它可以增强腰部、髋部和下肢的力量，使力量输出和对速度的控制都会更加出色，从而有效提升球场上运动员的加速和急停变向的能力。

避免

1. 脊柱未处于中立位。
2. 身体前倾，脚跟抬离地面。
3. 膝关节内扣。

目标锻炼肌群

臀大肌
臀中肌
股中间肌
股内侧肌
股外侧肌
股直肌

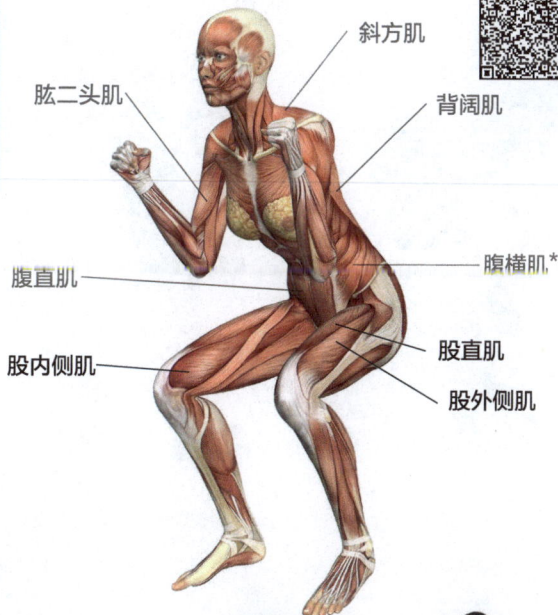

斜方肌

肱二头肌

背阔肌

腹横肌*

腹直肌

股直肌

股内侧肌

股外侧肌

变换动作

一般而言，将重量放在身体的前侧的运动，都可以对负重进行替换。根据自己的情况，选择合适的重量，进行训练。与后蹲相比，进行前蹲时的质量轻约20%。

益处

· 增强股四头肌和臀大肌力量

有下列问题时不建议做此项练习

· 膝部问题

哑铃－基本硬拉

1. 双脚分开，距离约与肩同宽，双手各握一只哑铃自然下垂，双膝微屈并屈髋俯身。
2. 保持背部挺直，伸髋。
3. 保持双臂下垂、伸髋至站立姿。回到起始姿势，重复规定次数。

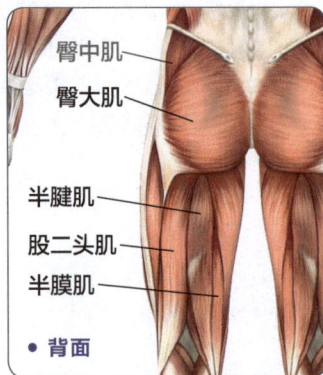

臀中肌
臀大肌
半腱肌
股二头肌
半膜肌

● 背面

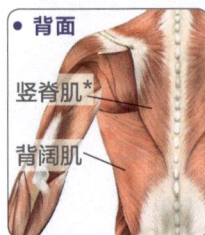

● 背面
竖脊肌*
背阔肌

利用臀大肌帮助完成伸髋动作。

拉起哑铃时，将哑铃靠近身体拉起，直到站直。

视角 转换

注意核心收紧，保持身体平衡。

聚焦篮球

1. 硬拉是一种多关节练习，此练习会增强腰背部、髋部和下肢的力量。这些肌群对增强力量输出、加速能力和跳跃能力很重要，而这些能力是成功带球上篮必须具备的。
2. 此练习可以增强篮球运动中加速和急转向的能力，改善支撑基础，以在诸如抢位、抢篮板球等激烈对抗中有最佳的稳定性状态。

避免

1. 头部与位于中立位的脊柱不在同一直线上。
2. 回位时过快，利用惯性放回哑铃。

目标锻炼肌群

臀大肌
股二头肌
半腱肌
半膜肌

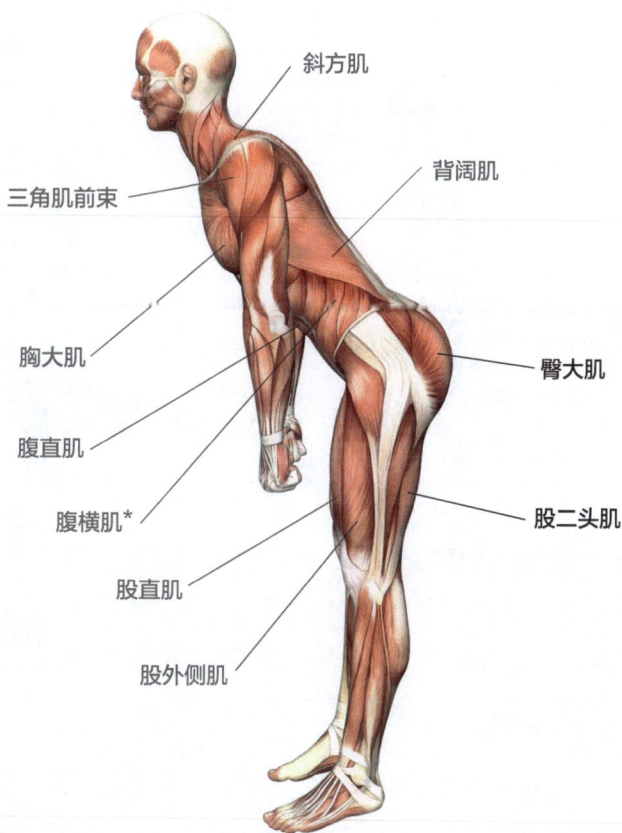

斜方肌

背阔肌

三角肌前束

臀大肌

胸大肌

腹直肌

股二头肌

腹横肌*

股直肌

股外侧肌

益处

· 增大躯干和下肢肌肉的力量和体积

有下列问题时不建议做此项练习

· 膝部问题

哑铃 – 单腿罗马尼亚硬拉

1. 单腿站姿，双手各握一只哑铃自然下垂。
2. 支撑腿微屈膝，屈髋俯身，非支撑腿向后伸直，至躯干约与地面平行，或者大腿后侧肌肉完全被拉紧。
3. 伸髋，有控制地回到起始姿势，重复规定次数。对侧亦然。

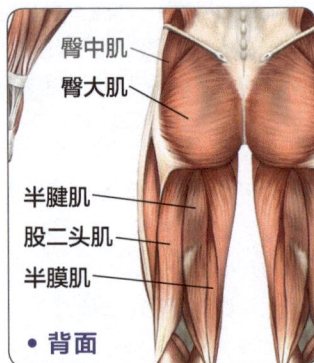

臀中肌
臀大肌
半腱肌
股二头肌
半膜肌
• 背面

利用臀大肌帮助完成动作。

视角 转换

将哑铃靠近身体拉起，直到站直。

聚焦篮球

1. 单腿罗马尼亚硬拉可以增强运动员在奔跑、跳跃、减速、急转向时所需要的爆发力，帮助预防肌肉劳损和韧带损伤。
2. 单腿罗马尼亚硬拉的训练可以增强膝关节的稳定性，能为防守对手时确立防御性位置和反应动作做好更充分的准备，同时对上篮时的蹬地发力以及上篮落地后的稳定性有着积极的影响。

避免

1. 弓背，或悬空腿与身体不在同一直线上。
2. 支撑腿站立不稳，髋部有明显旋转。

目标锻炼肌群

臀大肌
股二头肌
半腱肌
半膜肌
腓肠肌

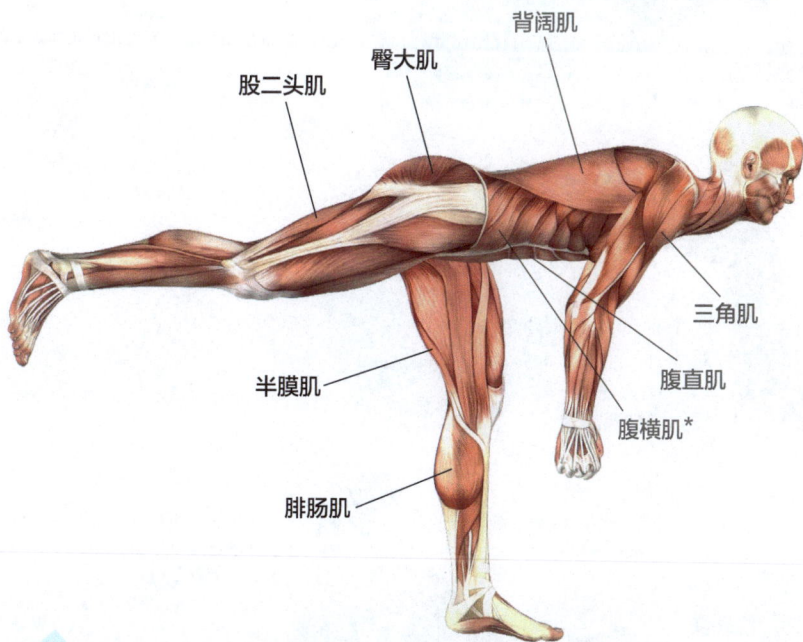

背阔肌

臀大肌

股二头肌

三角肌

腹直肌

腹横肌*

半膜肌

腓肠肌

益处

· 增大躯干和下肢肌肉的力量和体积

有下列问题时不建议做此项练习

· 膝部问题
· 髋部问题

瑞士球 – 仰卧 – 动态臀桥

1. 仰卧于瑞士球上，屈膝屈髋使躯干和地板呈45度角，双臂侧平举。
2. 伸展髋关节，抬起臀部，至躯干、大腿与地面平行的高度。
3. 回到起始姿势，重复规定次数。

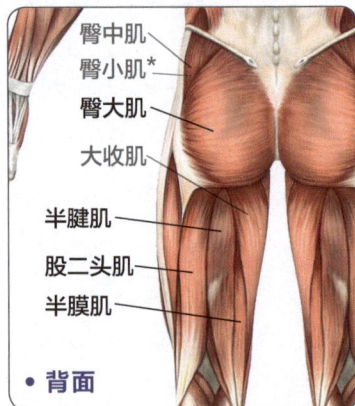

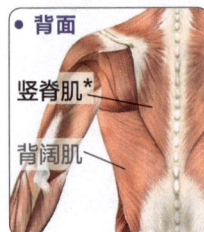

臀中肌
臀小肌*
臀大肌
大收肌
半腱肌
股二头肌
半膜肌

• **背面**

腹部收紧，背部挺直。

• **背面**

竖脊肌*
背阔肌

髋部抬起时，双手张开，保持平衡，主要发力点在髋部。

肩部放松起到支撑作用，不要发力。

双脚始终踩实地面，保持身体稳定。

聚焦篮球

1. 此练习可以有效增强髋关节力量，对改善水平和垂直方向的身体推力有重要的影响，而这是加速突破对手和拥有出色弹跳能力的必备条件。
2. 通过加强臀部、腿部肌肉，使运动时着地更加安全，也有助于增强加速和转向摆脱对手的能力。

避免

1. 运动过程中，脚跟随身体抬起。
2. 过度伸髋。

目标锻炼肌群

臀大肌
股二头肌
半腱肌
半膜肌
竖脊肌

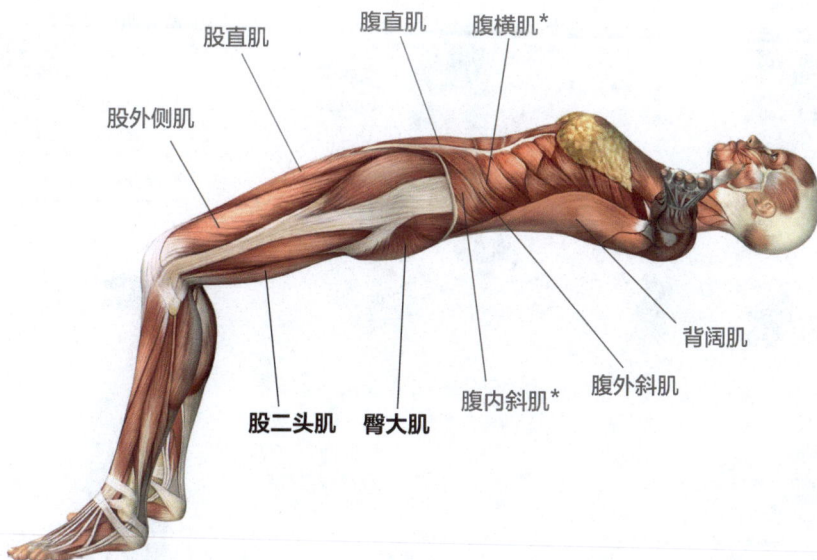

股直肌　腹直肌　腹横肌*

股外侧肌

背阔肌

股二头肌　臀大肌

腹内斜肌*　腹外斜肌

益处
- 增强髋关节力量

有下列问题时不建议做此项练习
- 下背部疼痛
- 大腿后侧疼痛

哑铃 – 反向弓步

1. 直立站姿，双脚分开，距离约与肩同宽，双手各握一只哑铃，自然垂于身体两侧。
2. 单腿向后撤步，同时膝关节弯曲，弓步下蹲。
3. 回到起始姿势，重复规定次数。对侧亦然。

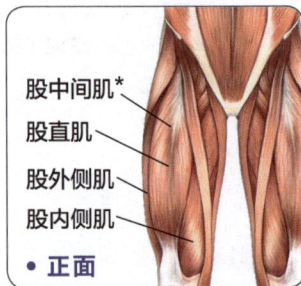

股中间肌*
股直肌
股外侧肌
股内侧肌

• **正面**

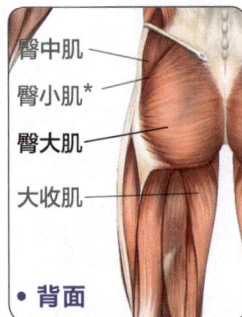

臀中肌
臀小肌*
臀大肌
大收肌

• **背面**

在整个运动过程中，躯干始终保持直立。

膝关节不要超过脚尖。

视角 转换

聚焦篮球

1. 反向弓步练习可以加强大腿和髋部肌肉，这有助于增强水平和垂直方向的身体推力，以及增强变速和变向的能力，以使球员更好地摆脱对手。
2. 此练习还可以改善平衡和身体感受能力。这些素质不仅有助于提高在篮球运动中跑、急转向、跳投和拼抢篮板球后落地的稳定性，还有助于预防受伤。

避免

1. 做弓步时，膝关节过度前伸，超过脚尖。
2. 后腿膝关节接触地面。

降低难度

如果不能很好地保持身体稳定，可以去掉哑铃，从自重徒手后弓步开始练习。

目标锻炼肌群

股直肌
股中间肌
股外侧肌
股内侧肌
臀大肌

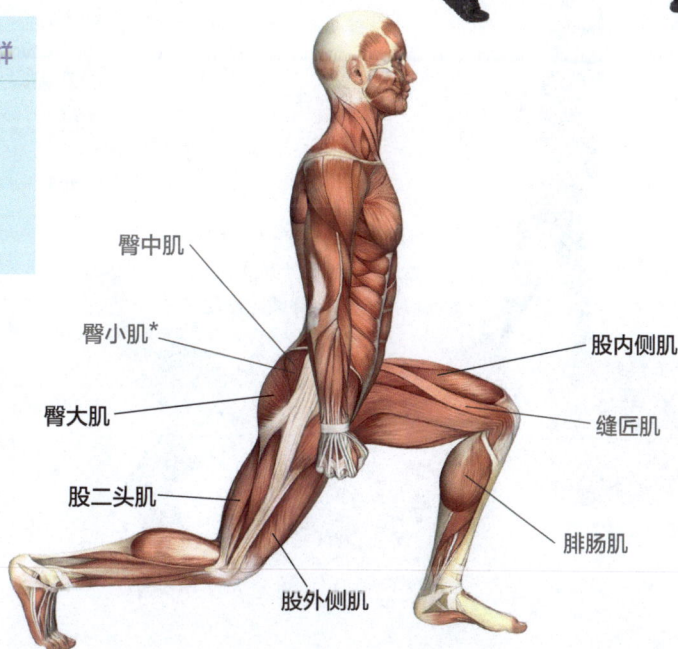

臀中肌
臀小肌*
臀大肌
股二头肌
股外侧肌

股内侧肌
缝匠肌
腓肠肌

益处

- 增强腿部力量
- 提高髋关节的稳定性

有下列问题时不建议做此项练习

- 髋部问题
- 膝部问题

跳箱－箱上稳定下落

1. 双臂平行上举，左腿单脚站立姿站在跳箱边缘，右腿前伸悬空。
2. 向前迈出右脚，自然下落，落地时屈髋屈膝缓冲的同时双臂下摆至髋部两侧，呈双脚运动姿站姿。
3. 站直身体，恢复站立姿。重复以上动作至规定次数。

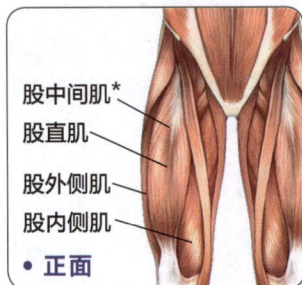

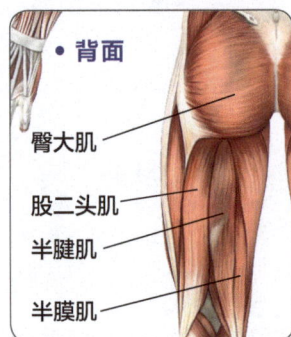

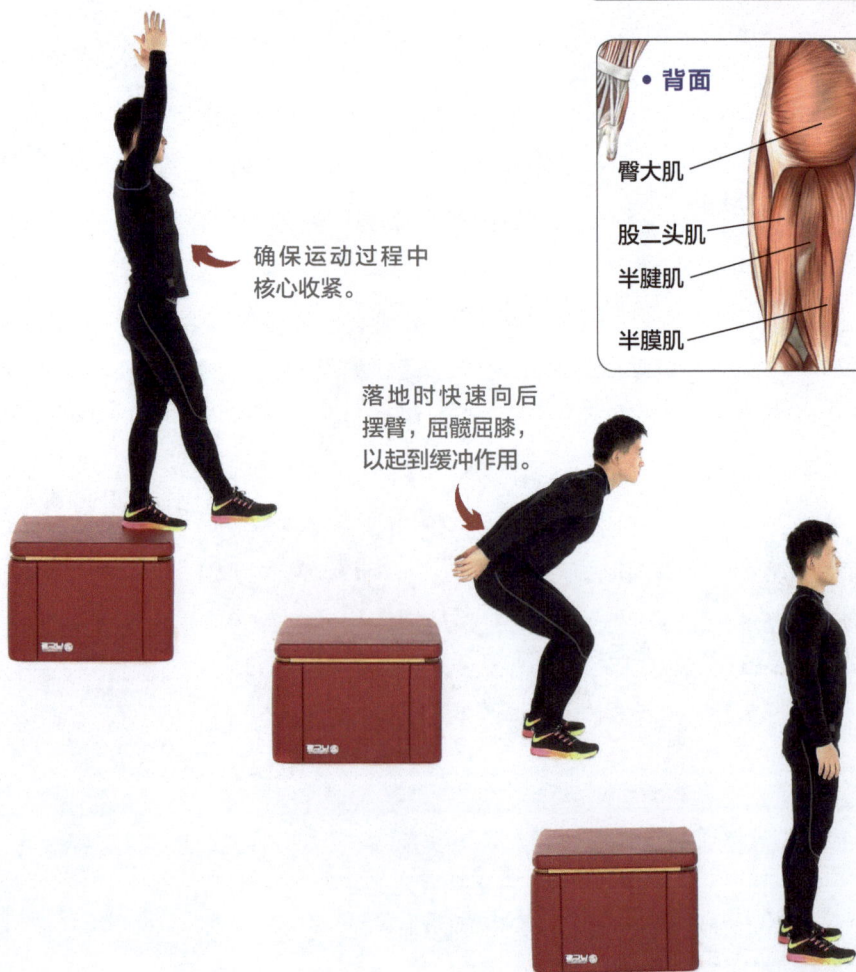

股中间肌*
股直肌
股外侧肌
股内侧肌

• **正面**

• **背面**

臀大肌
股二头肌
半腱肌
半膜肌

确保运动过程中核心收紧。

落地时快速向后摆臂，屈髋屈膝，以起到缓冲作用。

聚焦篮球

此练习可以加强臀部和腿部的肌肉力量，提高核心肌群的稳定性，有助于提高跳投和拼抢篮板球后落地的稳定性，从而起到预防关节和软组织损伤的作用。

避免

1. 落地时脚跟过度用力。
2. 落地时未屈髋屈膝。

提高难度

将两脚落地变为单腿落地，同时保持身体平衡。该变式动作提高了对核心肌群的要求。

目标锻炼肌群

股直肌
股中间肌
股外侧肌
股内侧肌
半腱肌
半膜肌
股二头肌
臀大肌

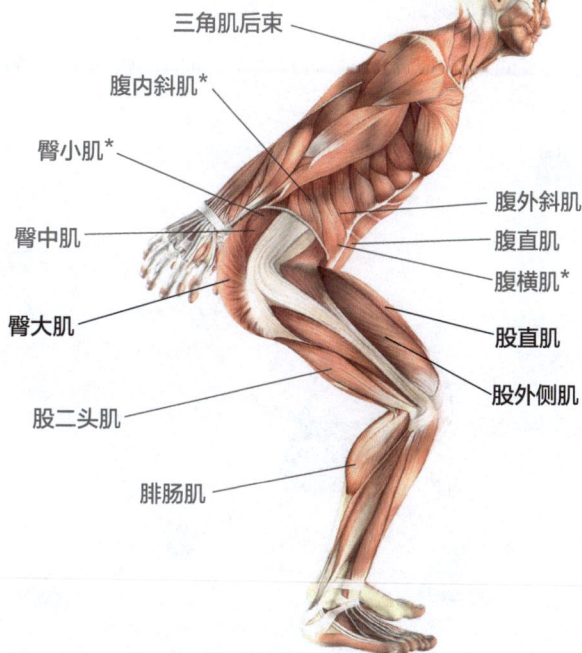

三角肌后束
腹内斜肌*
臀小肌*
臀中肌
臀大肌
股二头肌
腓肠肌
腹外斜肌
腹直肌
腹横肌*
股直肌
股外侧肌

益处

- 增强腿部力量
- 提高核心肌群的稳定性

有下列问题时不建议做此项练习

- 膝部问题

弹力带－分腿蹲－后拉

1. 分腿站姿，右腿前左腿后，双手分别握住弹力带两端，中段固定在身前，控制弹力带的长度使双臂伸直呈前平举姿势，且弹力带有一定的张力。
2. 屈膝屈髋下蹲，同时双臂后拉至腰部。
3. 缓慢起身，回到起始姿势，重复规定的次数。对侧亦然。

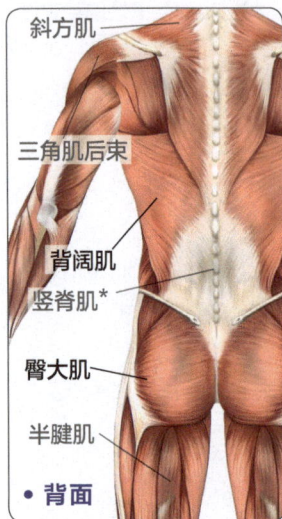

斜方肌

三角肌后束

背阔肌

竖脊肌*

臀大肌

半腱肌

• 背面

身体向前，目视前方。

前腿膝关节弯曲 呈 90 度，大腿与地面保持平行。

下蹲时，身体不要晃动。

视角转换

聚焦篮球

1. 此练习可提升下肢和髋部的力量，以便重复实现最佳的力量输出水平。
2. 此练习中股四头肌和髋部会向地面施加力量，进而有助于提升加速度和跳跃的能力。
3. 这些肌群在减速中也发挥着积极的作用。身体制动能力的提升不仅有助于提高对身体的控制能力，还有助于提升球员摆脱对手的能力。

避免

1. 前腿膝关节超过脚尖。
2. 弓背，或上半身前倾。

目标锻炼肌群

股直肌
股中间肌
股外侧肌
股内侧肌
臀大肌
背阔肌

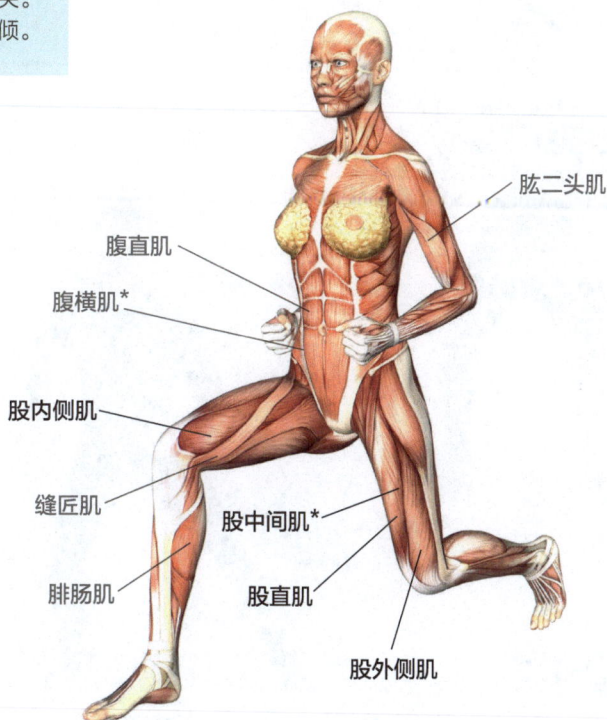

肱二头肌

腹直肌

腹横肌*

股内侧肌

缝匠肌

股中间肌*

腓肠肌

股直肌

股外侧肌

益处	有下列问题时不建议做此项练习
• 增强腿部力量 • 增强肩背部力量	• 膝部问题 • 髋部问题

迷你带－侧向走

1. 直立站姿，双脚分开，距离约与肩同宽，迷你带套在踝关节上方，保持其绷紧状态，微屈髋屈膝呈微下蹲姿势。
2. 左腿向左侧横向迈步，左腿运动时，右腿支撑保持不动。
3. 右腿向左并步，始终保持迷你带紧绷状态，完成规定的距离。对侧亦然。

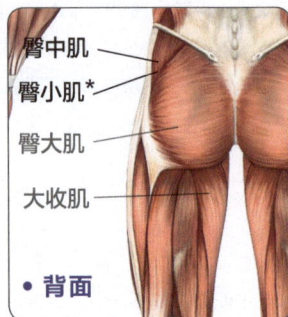

臀中肌
臀小肌*
臀大肌
大收肌

● **背面**

胸腔向上提。

不要耸肩。

腿部移动时，大腿和髋部肌肉收紧。

视角 转换

骨盆略微向前倾。

聚焦篮球

1. 此练习可以增加髋部和大腿的侧向力量，有助于在控球时快速改变方向以及防守时横向移动的能力。
2. 无论是在球场上占据位置还是冲到篮板下带球上篮，或者突破防守，强有力的髋部都有很大的帮助。

避免

1. 躯干向一侧倾斜。
2. 弓背，或上半身过度前倾。

目标锻炼肌群

臀中肌
臀小肌

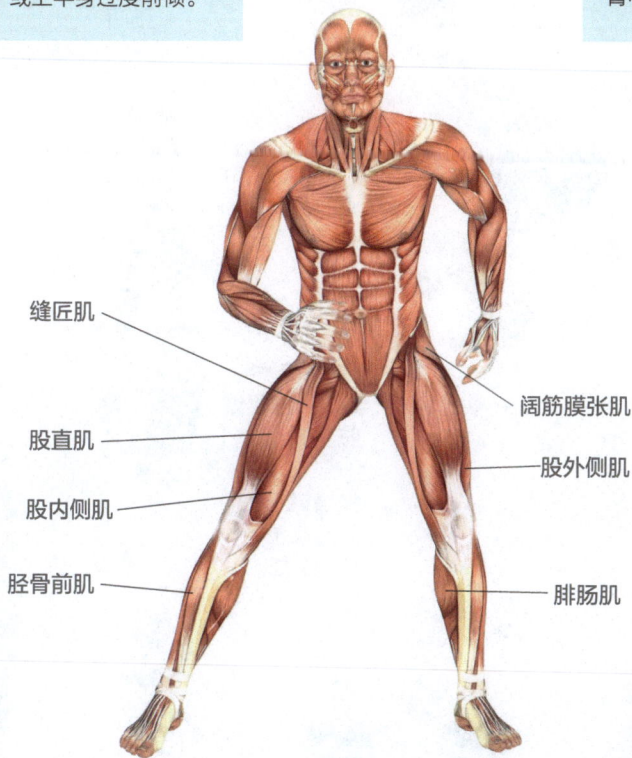

缝匠肌

股直肌

股内侧肌

胫骨前肌

阔筋膜张肌

股外侧肌

腓肠肌

益处
· 强化髋部肌肉

有下列问题时不建议做此项练习
· 急性髋关节疼痛

哑铃－下蹲双侧提踵

1. 直立站姿，双脚分开，距离约与肩同宽，双手各握一只哑铃，自然垂于身体两侧。
2. 向下深蹲，至大腿约与地面平行。
3. 起身后接双侧提踵。
4. 回到起始姿势，重复规定次数。

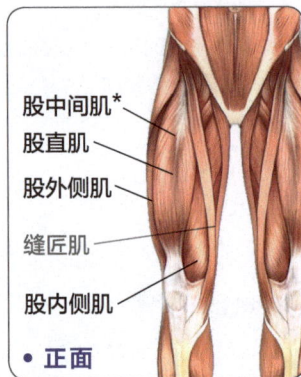

股中间肌*
股直肌
股外侧肌
缝匠肌
股内侧肌

● 正面

下蹲后接提踵，在整个运动过程中，保持躯干稳定平直，不要有明显晃动。

脚跟提得越高，腿部肌肉收缩感越强烈。

提踵时，依靠脚踝维持身体平衡。

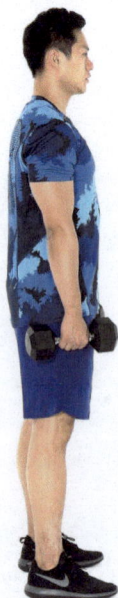

视角 转换

聚焦篮球

1. 负重提踵练习可以充分提高踝关节的稳定性，有助于强化在实战中急停变向的能力，从而摆脱对手。
2. 负重提踵练习有助于强化小腿肌群，提高爆发力，提升拼抢篮板球的能力，同时亦可起到预防踝关节和跟腱损伤的作用。

避免

1. 后程提踵时膝关节弯曲。
2. 完成动作速度过快。

难度降低

复合动作难度较大，如果完成有困难，可以单独进行哑铃提踵训练，来强化小腿肌群。

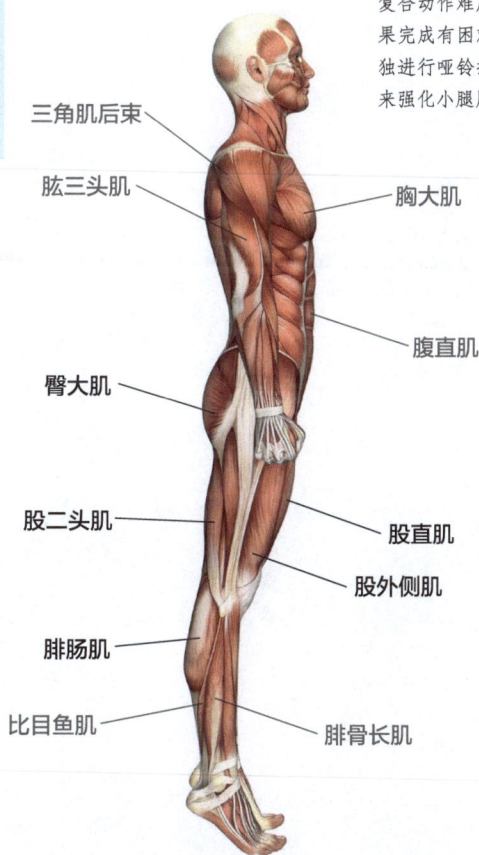

目标锻炼肌群

腓肠肌
股直肌
股中间肌
股外侧肌
股内侧肌
臀大肌

三角肌后束
肱三头肌
胸大肌
腹直肌
臀大肌
股二头肌
股直肌
股外侧肌
腓肠肌
比目鱼肌
腓骨长肌

益处
- 增强臀肌稳定性
- 强化小腿肌群

有下列问题时不建议做此项练习
- 髋部问题
- 脚踝问题

第 3 章

腰背部与核心训练

BOSU 球 - 稳定两头起

1. BOSU球曲面向上放在地面上，腰背部接触球面，双臂双腿伸直，身体后仰。
2. 屈膝屈髋，使膝关节向胸口方向移动，同时手臂拉向膝关节，抬起上背部，使大腿与躯干呈V字形。
3. 保持躯干稳定，慢慢回到起始姿势，重复规定次数。

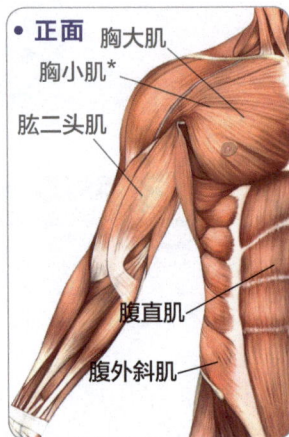

• 正面

胸大肌
胸小肌*
肱二头肌
腹直肌
腹外斜肌

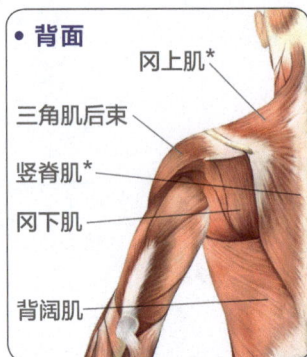

• 背面

冈上肌*
三角肌后束
竖脊肌*
冈下肌
背阔肌

伸直并放松颈部，不要随着运动前伸，减少脊柱上端承受的压力。

在屈膝屈髋时，保持身体稳定。

视角 转换

聚焦篮球

1. 两头起是很有效的核心练习动作。它看似容易，但能够用正确的姿势进行训练却很难。
2. 此练习能提高核心稳定性，从而有助于提升在跳起抢篮板球或跳投时的准确性，同时可以帮助球员提高完成转身跳投、后仰跳投等高难度动作的能力。
3. 加强此练习，可以让躯干更强壮，能够承受篮板下和跳起抢篮板球时的猛烈撞击。

避免

1. 运动过程屏住呼吸。
2. 利用身体惯性或冲力来完成动作。

目标锻炼肌群

腹直肌
腹外斜肌
股直肌
前锯肌

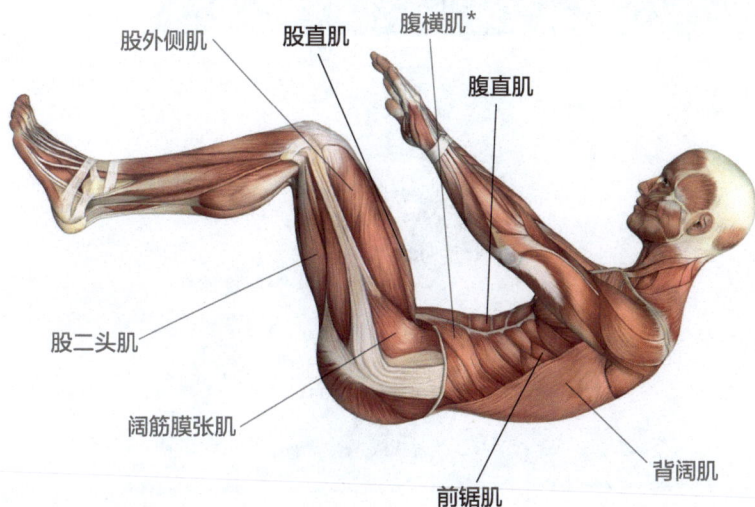

股外侧肌　　股直肌　　腹横肌*
　　　　　　　　　　　腹直肌

股二头肌

阔筋膜张肌

前锯肌

背阔肌

益处

- 强化腹部肌肉
- 提高核心稳定性

有下列问题时不建议做此项练习

- 椎间盘突出
- 下背部问题

瑞士球 – 仰卧 – 夹球仰卧两头起

1. 仰卧在瑜伽垫上，将瑞士球夹在双脚之间，双臂伸直置于头顶。
2. 同时抬起双腿与上背部，让手脚尽量靠近，将瑞士球从双腿传至双手。
3. 四肢放回到地面，双臂伸直置于头顶；反向重复以上步骤，将瑞士球从双手传至双脚之间。重复以上动作规定次数。

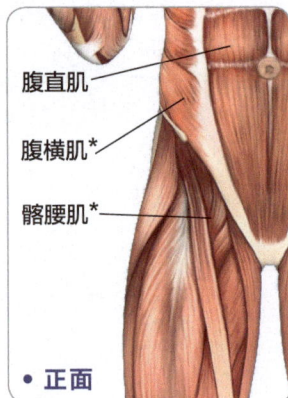

腹直肌

腹横肌*

髂腰肌*

● **正面**

保持腹部收紧。

抬起双腿和盆骨。

整体动作缓慢稳定，双肩、头、双腿放回地面时，要轻柔。

聚焦篮球

1. 这是一个很棒的核心练习动作，为了提高球员参与训练的积极性，可以把瑞士球换成篮球。这可以在精神上对球员有所激励，让他们保持高效的练习，最终提高训练计划的完成度。
2. 启动传球动作时，必须调动躯干肌肉来维持身体稳定，以产生足够的力量抛出篮球。练习这个动作，可以激活传球所需的肌肉，以提高传球的力量和准确性。

避免

1. 颈部前伸，且发力。
2. 双腿或双手夹球时，球掉落。

目标锻炼肌群

腹直肌
腹横肌
髂腰肌

提高难度

除了把瑞士球换成篮球外，还可以使用更重一些的实心球代替，以提高训练要求。

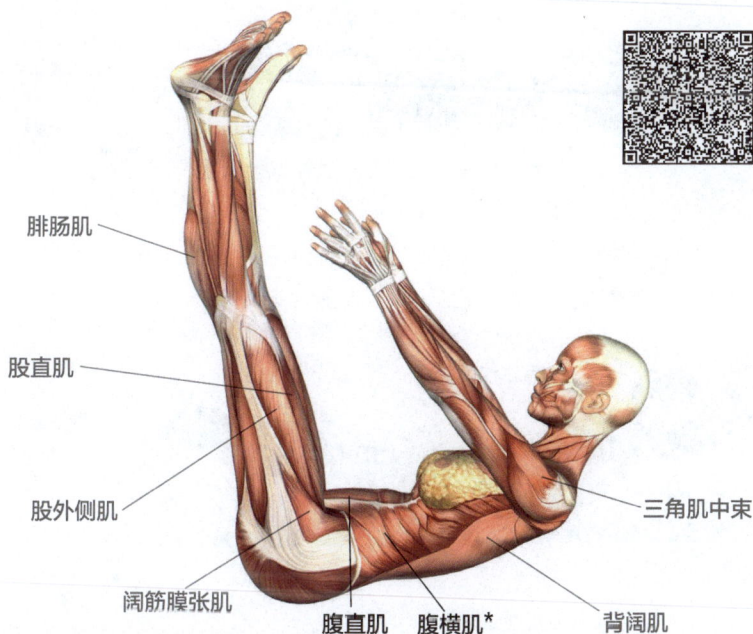

腓肠肌

股直肌

股外侧肌

阔筋膜张肌

腹直肌　　腹横肌*

三角肌中束

背阔肌

益处

· 强化腹部肌肉
· 提高核心稳定性

有下列问题时不建议做此项练习

· 急性髋关节疼痛
· 椎间盘突出
· 下背部问题

俯卧－超人式

1. 俯卧在瑜伽垫上，双臂外展呈Y字形，双膝伸直分开，距离约与肩同宽，抬离地面，面部朝下。
2. 腰背部收紧，双臂上举，抬起上半身，同时双腿抬高。
3. 缓慢回到起始姿势，重复以上步骤，完成规定次数。

竖脊肌*

背阔肌

腰方肌*

臀大肌

半腱肌
半膜肌

股二头肌

● **背面**

向上抬起时吸气，放松时呼气。

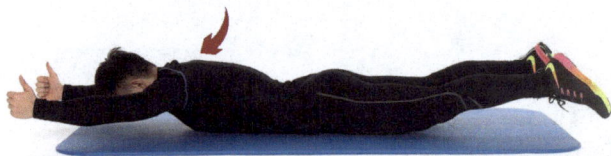

可在最顶点位置时，保持2秒。

整个动作缓慢、流畅且有控制。

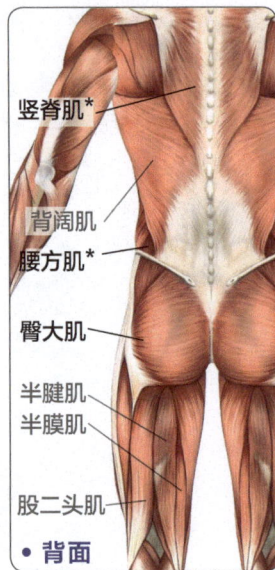

聚焦篮球

此练习可以加强身体后侧肌肉的力量，有助于提升球员的各种跳跃动作的质量，同时，加强肌肉力量可以保持上半身处于良好的防守姿势，提高对抗能力。

避免

1. 手臂、躯干、腿部未能同时发力，身体前后晃动。
2. 后背弓起，抬起手臂时耸肩。

目标锻炼肌群

腰方肌
竖脊肌
臀大肌

降低难度
可以做对侧四肢交替抬起的训练，这样可以逐渐锻炼身体后侧肌肉，然后过渡到超人式练习。

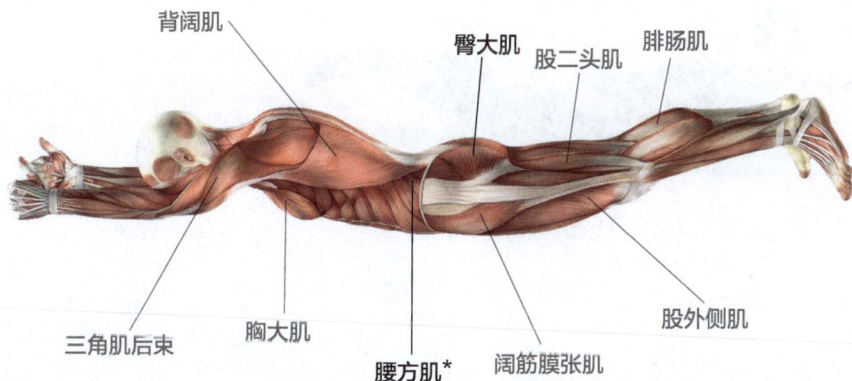

背阔肌　臀大肌　腓肠肌
股二头肌

三角肌后束　胸大肌　腰方肌*　阔筋膜张肌　股外侧肌

益处

- 强化髋部和脊柱肌肉

有下列问题时不建议做此项练习

- 下背部问题
- 脊柱不适

俯卧－划臂

1. 俯卧在瑜伽垫上，双臂伸直举过头顶，双膝伸直分开，距离约与肩同宽，双臂双腿均抬离地面，面部朝下。
2. 腰背部肌肉收紧，上半身与下肢同时抬高，同时双臂划向体后，呈反弓姿势。
3. 回到起始姿势，重复以上步骤，完成规定次数。

竖脊肌*

背阔肌

腰方肌*

臀大肌

半腱肌
半膜肌

股二头肌

● **背面**

下巴上抬，不含胸。

运动中，身体充分伸展。

做反弓姿势时，收紧臀部和腹部肌肉。

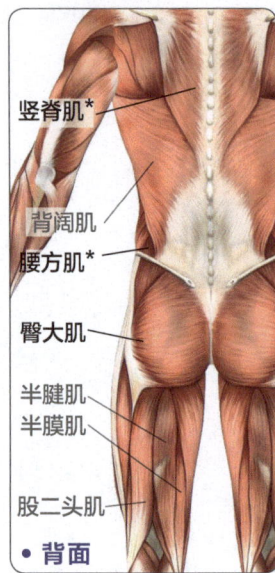

聚焦篮球

此练习可以提升腰背部的力量与稳定性，有助于增强投篮的稳定性和身体的对抗能力。

避免

1. 头部下压，下巴触地。
2. 肩部紧绷或者耸肩。

目标锻炼肌群

腰方肌
竖脊肌
臀大肌

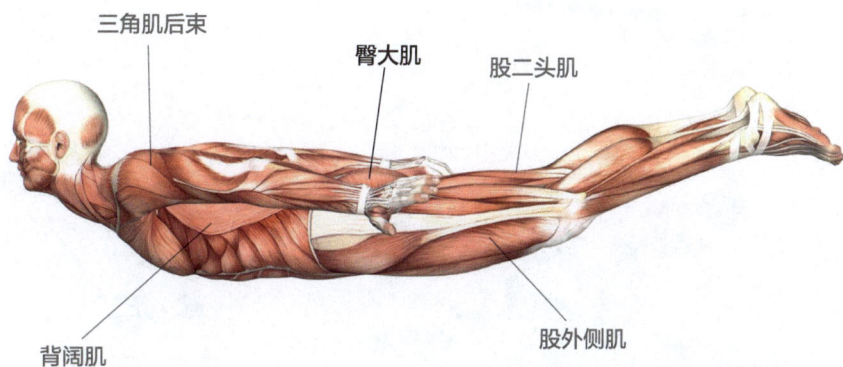

三角肌后束

臀大肌

股二头肌

背阔肌

股外侧肌

益处

- 促进全身肌肉协同合作
- 强化肩背部肌肉力量

有下列问题时不建议做此项练习

- 下背部问题
- 肩部问题

跪撑肘膝触碰

1. 俯身跪在瑜伽垫上，双臂伸直，双手张开支撑地面，双腿屈髋屈膝跪于地面，背部平直，腹部收紧。
2. 保持身体稳定的同时，右臂伸直沿耳边向前抬起的同时，左腿向后抬起伸直至与地面平行。
3. 右臂屈肘，左腿屈膝屈髋，肘部碰到膝部；回到起始姿势，重复以上步骤，完成规定次数，对侧亦然。

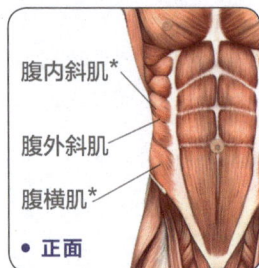

腹内斜肌*

腹外斜肌

腹横肌*

● 正面

在整个练习中保持背部平直。

双手和双脚分开，距离约与肩同宽。

收紧腹部和大腿肌肉。

视角 转换

聚焦篮球

1. 这是针对核心肌群和脊柱的稳定性练习动作。它有助于锻炼躯干力量，可以增强篮下对抗抢位的能力。
2. 防守或抢篮板球后，着地时要保持稳定落地，这个动作可以加强这部分的能力，使球员能够在场上处于主导地位。

避免

1. 手臂和腿抬起时，身体晃动，旋转髋带或肩胛带。
2. 完成动作速度过快。

目标锻炼肌群

腹直肌
臀大肌

提高难度
从平板支撑姿势开始，然后完成抬起手臂和异侧腿的动作。

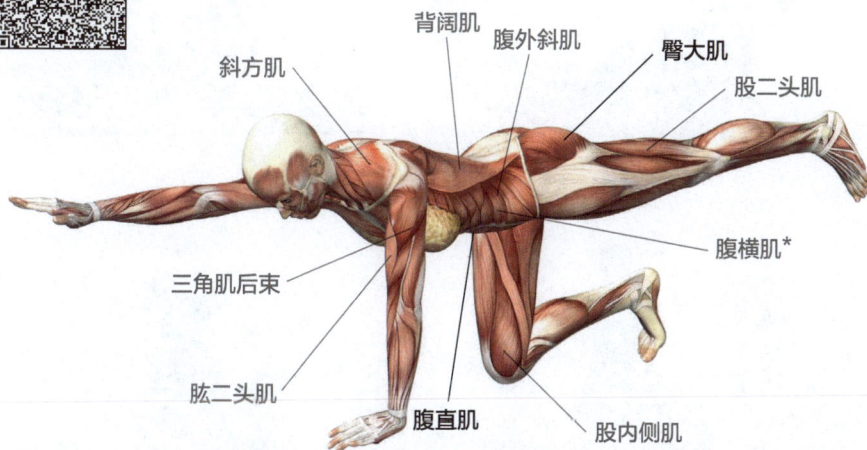

斜方肌
背阔肌
腹外斜肌
臀大肌
股二头肌
三角肌后束
腹横肌*
肱二头肌
腹直肌
股内侧肌

益处

- 强化核心肌群
- 提高核心和脊柱的稳定性

有下列问题时不建议做此项练习

- 腰部问题
- 下背部问题

药球 – 俄罗斯旋转 – 侧向抛接球

1. 练习者呈仰卧起坐准备姿势坐在瑜伽垫上，双脚脚跟着地，双臂弯曲，双手放在胸前，做好接球的准备，躯干向同伴方向微微旋转。同伴双手持药球站在练习者一侧。

2. 同伴将药球抛向练习者，练习者双手接住药球，顺势把躯干转正。

3. 接着躯干向身体的另一侧旋转，将药球拉至另一侧腰部，至极限位置。

4. 练习者迅速向对侧旋转躯干将药球抛回给同伴。同伴接住药球，回到起始姿势，重复规定次数。对侧亦然。

竖脊肌*

背阔肌

● **背面**

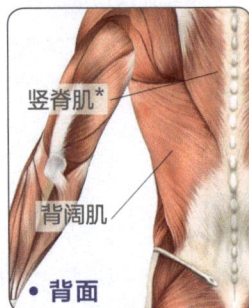

旋转过程中，保持身体稳定。

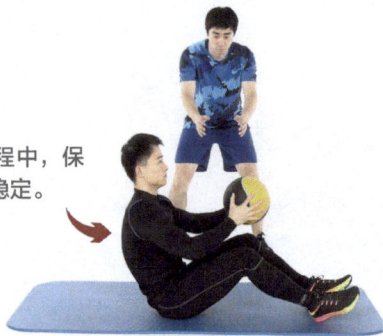

保持接球后转体的动作连贯，且在极限位置稍作停顿。

聚焦篮球

1. 此练习是一种抛接球动作和旋转动作的复合训练动作。躯干负责在移动的肩胛带和保持不动的髋带之间做出转动动作。控制动作的稳定性，而不要使用惯性或快速完成动作，从而有效强化躯干肌肉，并提高转身的爆发力，以增强身体的对抗能力。
2. 此练习可以增强核心稳定性，从而提高球员快速转身的能力，同时可以帮助预防腰背部损伤。

避免

1. 完成动作速度过快。
2. 旋转时，双脚或膝关节随之转向一侧。

目标锻炼肌群

腹直肌
腹横肌
腹内斜肌
腹外斜肌

降低难度

去掉抛接球动作，从单人躯干旋转动作开始练习。

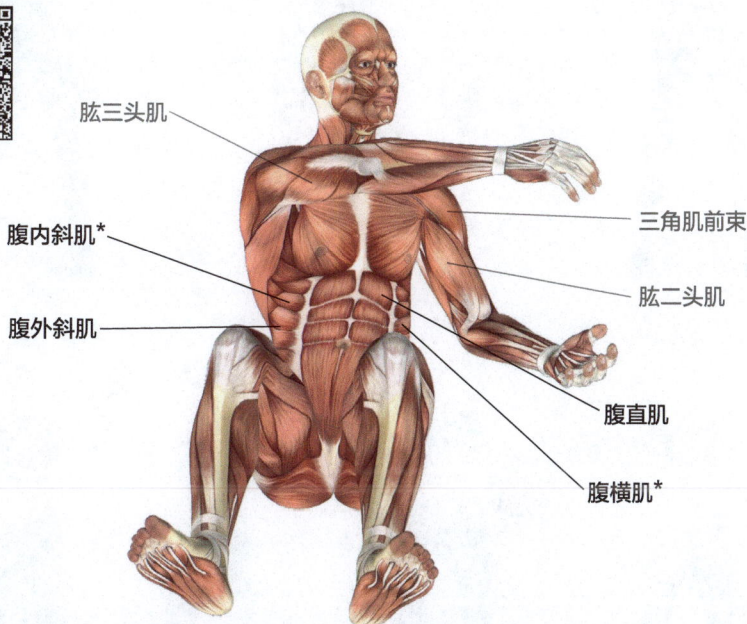

肱三头肌

三角肌前束

腹内斜肌*

肱二头肌

腹外斜肌

腹直肌

腹横肌*

益处
· 强化核心肌群

有下列问题时不建议做此项练习
· 下背部问题

药球 – 站姿 – 胸前 8 字环绕

1. 直立站姿，双脚分开，距离约与肩同宽，双手持药球置于胸前。
2. 利用药球在胸前按横向8字轨迹进行环绕。
3. 回到起始姿势，重复规定次数。反向亦然。

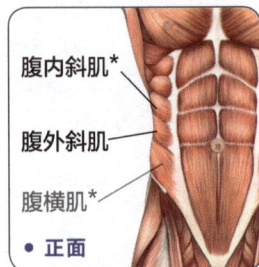

腹内斜肌*

腹外斜肌

腹横肌*

● 正面

动作应缓慢稳定，躯干保持挺直。

运动时，应充分调动腹部前侧的核心肌群。

聚焦篮球

1. 此练习不仅能够增强核心肌群，还能提高进行头顶动作时肩关节的稳定性。
2. 此练习还能够锻炼参与侧屈的腹斜肌的力量。肩关节稳定性和腹斜肌力量的提升都有助于强化球员跳起抢篮板球或投三分球时的对抗能力和准确性。
3. 此练习不仅可以提升训练的趣味性，还可以提升球员的球感。

避免

1. 完成动作速度过快。
2. 脚抬离地面。

目标锻炼肌群

三角肌前束
三角肌中束
腹外斜肌
腹内斜肌

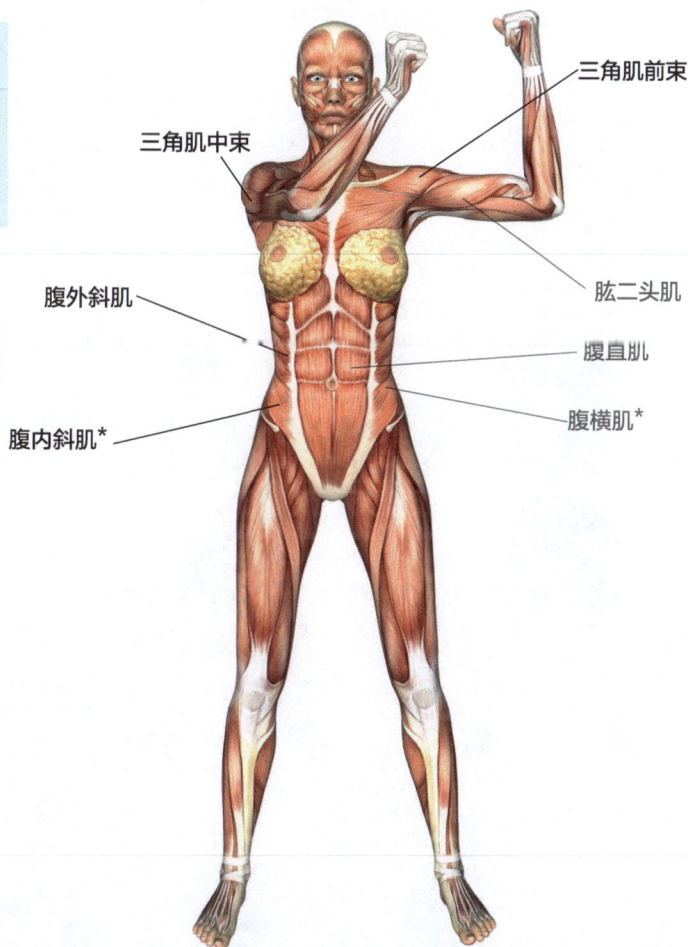

三角肌前束

三角肌中束

肱二头肌

腹外斜肌

腹直肌

腹内斜肌*

腹横肌*

益处

· 提高肩关节的稳定性
· 增强核心肌群

有下列问题时不建议做此项练习

· 肩部问题
· 下背部问题

哑铃 – 旋转下砍

1. 直立站姿，双脚分开，距离略宽于肩，双手握一只哑铃，放于头顶斜上方，躯干略向哑铃方向转体。
2. 核心、上肢主动发力，将哑铃下砍至对侧膝关节外侧，同时屈髋屈膝降低中心，躯干向同侧旋转。
3. 回到起始姿势，重复规定次数。对侧亦然。

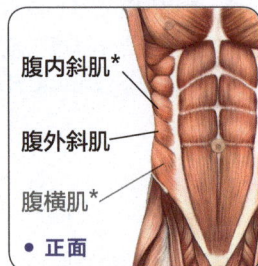

腹内斜肌*

腹外斜肌

腹横肌*

● 正面

整个过程中保持核心收紧。

哑铃下砍动作要迅速有力。

视角 转换

聚焦篮球

此练习可锻炼肩部和躯干，增加在跳起抢篮板球时的力量。跳起抢篮板球或接传歪的球后，身体可能会以不舒服的角度着地。锻炼这些肌肉来控制侧屈，可帮助预防腰背部受伤，降低跌落时出现其他伤害的概率。

避免

1. 转体的幅度过大，这样可能会造成背部扭伤。
2. 下砍过程中脚跟离开地面。

目标锻炼肌群

腹外斜肌
腹内斜肌

降低难度

如果动作吃力，可以用轻量的弹力带来完成这个练习。

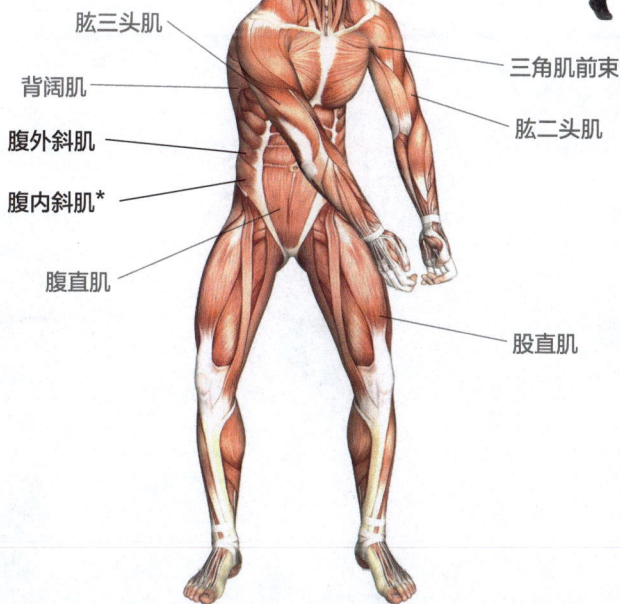

肱三头肌
背阔肌
腹外斜肌
腹内斜肌*
腹直肌

三角肌前束
肱二头肌

股直肌

益处

- 强化核心肌群
- 使腹部肌肉更加紧致
- 强化双臂和肩关节

有下列问题时不建议做此项练习

- 下背部问题
- 肩部问题

弹力带 - 站姿 - 直臂躯干旋转

1. 直立站姿，双脚分开，距离约与肩同宽，双手握弹力带一端，另一端固定在体侧相似高度的物体上，双臂伸直，保持弹力带张力。
2. 保持双臂伸直，躯干向弹力带反向侧旋转。
3. 至极限位置，稍作停顿，回到起始姿势，重复规定次数。对侧亦然。

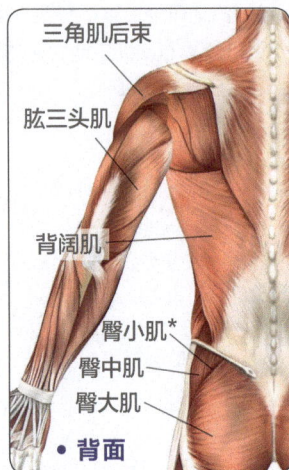

三角肌后束

肱三头肌

背阔肌

臀小肌*
臀中肌
臀大肌
● 背面

扭转动作流畅稳定。

双臂伸直。

双脚踩实地面。

聚焦篮球

此练习可以有效提高核心抗旋转能力，增强机体协调发力的感觉，对实战中转身跳投、后撤步跳投以及变向过人都有加强作用。

避免

1. 手臂未伸直。
2. 耸肩或侧弯腰。

降低难度

如果手臂无法保持伸直，可以抱在胸前，做躯干旋转。

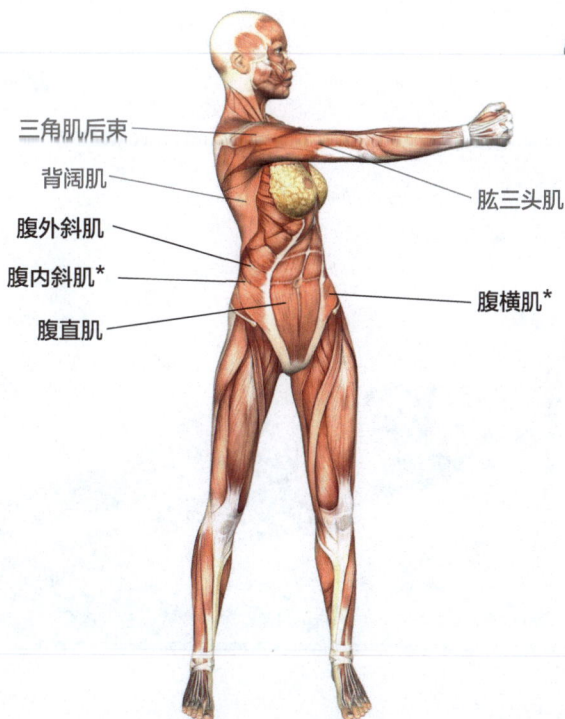

目标锻炼肌群

腹外斜肌
腹内斜肌
腹横肌
腹直肌

三角肌后束

背阔肌

肱三头肌

腹外斜肌

腹内斜肌*

腹横肌*

腹直肌

益处
• 强化核心肌群

有下列问题时不建议做此项练习
• 下背部问题
• 肩部问题

侧桥

准备姿势：侧卧姿，双腿伸直并拢支撑于地面，右臂屈肘呈90度，支撑于肩部正下方，背部平直，腹部收紧。

躯干抬起至身体呈一条直线；保持动作至规定时间，回到准备姿势，对侧亦然。

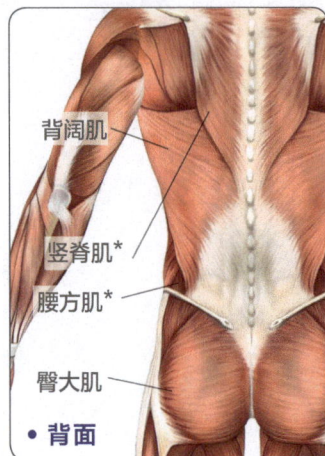

背阔肌

竖脊肌*

腰方肌*

臀大肌

● **背面**

运动时，髋部抬高，减少肘部的压力。

躯干和腿部最大限度舒展。

聚焦篮球

1. 侧身支撑是发展髋关节力量、保持核心稳定性的练习动作，不受场地限制。强健的核心肌群，不仅可以使球员跳得更高、跑得更快，还有助于强化跳起投篮或抢篮板球时上半身的稳定性，来为下一个动作做好准备。
2. 身体核心是体育运动的支柱，是抵抗激烈的身体碰撞的基础。因此，对抗体形更大的对手时，身体的稳定性和平衡性十分重要，加强这个练习，会对此有所帮助。

避免

1. 耸肩，会导致肩部压力过大。
2. 躯干弯曲。

目标锻炼肌群

前锯肌
腹外斜肌
腹内斜肌

降低难度
如果无法让身体保持在一条直线上，可以弯曲膝关节做支撑，以降低难度。

提高难度
支撑侧手臂伸直，以单手支撑上半身，这样可以使动作难度升级。

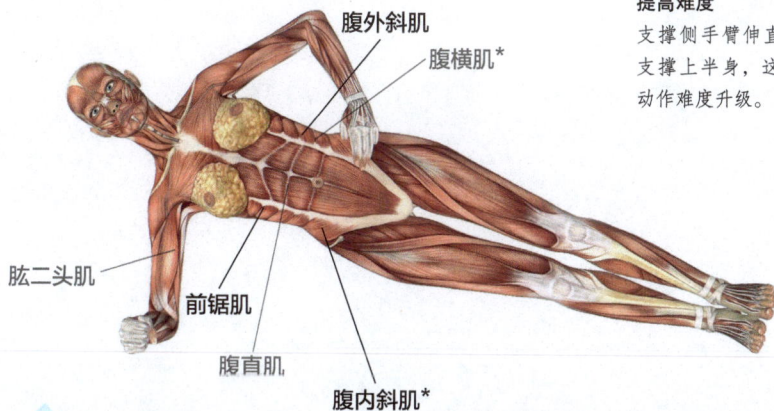

腹外斜肌

腹横肌*

肱二头肌

前锯肌

腹直肌

腹内斜肌*

益处

- 强化腹部、下背部和肩部
- 提高核心稳定性

有下列问题时不建议做此项练习

- 肩部问题
- 背部问题
- 肘部问题

第 4 章

上半身功能性训练

俯卧撑

1. 俯撑姿势，双手双脚撑地，双手距离略比肩宽，手臂伸直，身体从头到脚踝呈一条直线。
2. 屈肘，身体下沉，至胸部几乎碰到地面。
3. 快速推起身体，回到起始姿势，重复规定次数。

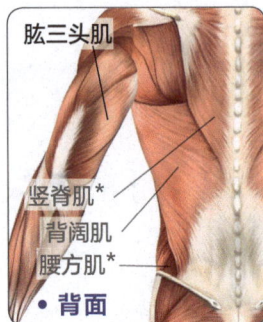

肱三头肌

竖脊肌*
背阔肌
腰方肌*

• 背面

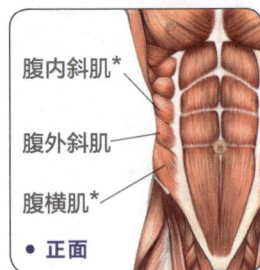

腹内斜肌*

腹外斜肌

腹横肌*

• 正面

做俯卧撑运动时，颈部保持伸长、放松的状态。

保持腹部和臀部收紧，从而使身体稳定性更强。

视角 转换

聚焦篮球

俯卧撑可以有效锻炼躯干和上臂的主要肌肉，这些肌肉在篮球运动中很重要，能够强化球员的胸前快速传球的能力，从而建立强有力的进攻优势。

避免

1. 耸肩，会导致肩部压力过大。
2. 身体下压时双臂肘关节指向身体两侧：这会对三角肌前束造成过大的压力。

目标锻炼肌群

胸大肌
肱三头肌

降低难度

初学者和体能较弱的运动员最初可采用跪姿做俯卧撑，直到上半身力量增强。

提高难度

将双脚放在瑞士球上，同时凭借双手支持整个身体。利用腹肌保持身体呈一条直线，并且在完成俯卧撑时维持身体稳定。

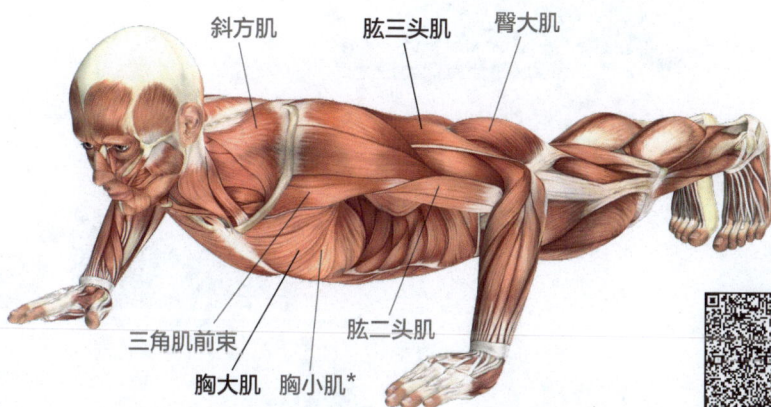

斜方肌　　肱三头肌　　臀大肌

三角肌前束　　肱二头肌

胸大肌　胸小肌*

益处

- 强化核心、肩部、臀部以及胸部

有下列问题时不建议做此项练习

- 肩部问题
- 腕部问题

哑铃－仰卧－双臂胸前推举

1. 仰卧在训练椅上，双脚踩实地面。双手握哑铃放在胸前。
2. 双臂同时向上推。
3. 回到起始姿势，重复规定次数。

膝关节弯曲 90 度，双脚踩实。

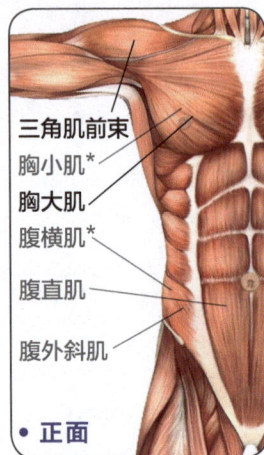

三角肌前束
胸小肌*
胸大肌
腹横肌*
腹直肌
腹外斜肌

• 正面

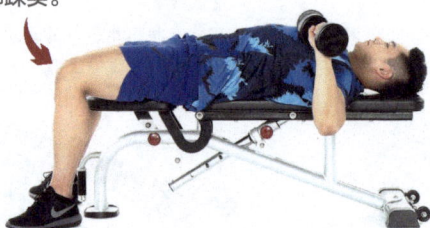

完全伸展双臂。

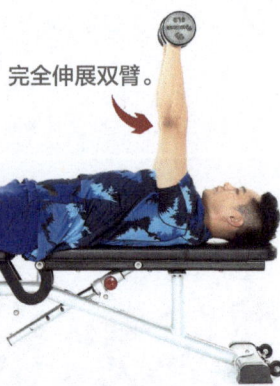

视角 转换

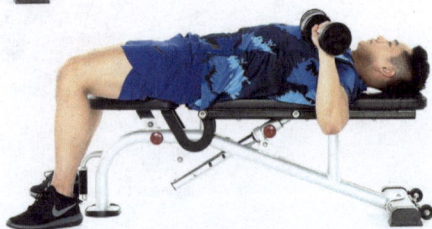

聚焦篮球

1. 与俯卧撑动作相似，双臂胸前推举是锻炼上半身力量的练习动作。选择合适的重量，采用标准的动作可以强化上半身，并有效预防损伤。
2. 此练习会用到并加强胸部、肩前部肌肉和肱三头肌。更强壮的上半身能帮助吸收在篮下出现冲撞时的力量。

避免

1. 回位时利用哑铃惯性，速度过快。
2. 颈部用力。

目标锻炼肌群

胸大肌
三角肌前束
肱三头肌

降低难度
使用质量较轻的哑铃或仅凭自身的重量进行练习。

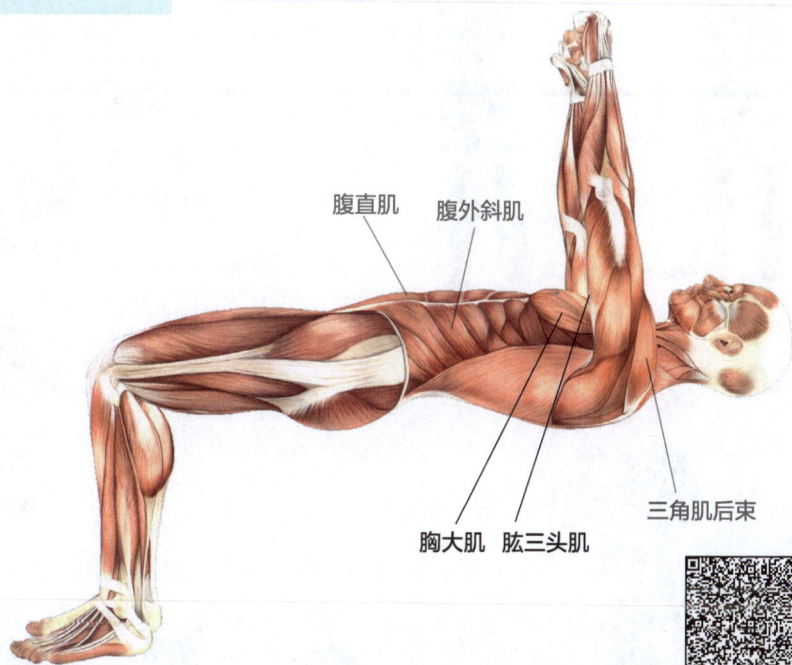

腹直肌　　腹外斜肌

胸大肌　肱三头肌

三角肌后束

益处

· 增大胸部肌肉的力量和体积

有下列问题时不建议做此项练习

· 腕部问题
· 肩部问题

壶铃－站姿－双臂托举

1. 直立站姿，双脚分开，距离约与肩同宽，双手托壶铃置于胸前。
2. 双臂同时发力，向上托举壶铃，并举过头顶。
3. 回到起始姿势，重复规定次数。

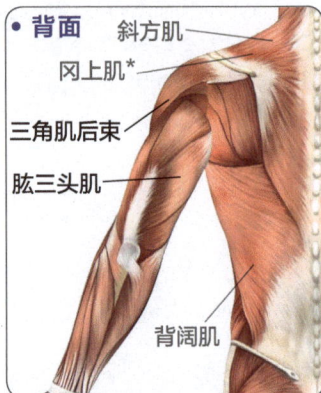

• 背面
斜方肌
冈上肌*
三角肌后束
肱三头肌
背阔肌

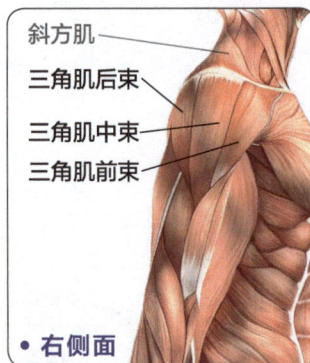

斜方肌
三角肌后束
三角肌中束
三角肌前束

• 右侧面

上推时同时呼气。

收紧腿部肌肉以及核心肌群。

回到起始姿势时吸气。

视角 转换

聚焦篮球

1. 正确进行该训练时，会使用到三角肌和肱三头肌等肌肉。由于练习是在站姿下完成的，所以必须激活腹直肌和背部肌群来稳定躯干。

2. 头顶推举可以增强上半身和肩部力量，这是拥有出色的投篮和抢篮板球能力所必需的，同时该训练可以强化肩关节功能，预防在篮球运动中常见的肩袖损伤。

避免

1. 耸肩。
2. 弓背或上半身前倾，导致脊柱的曲线扭曲。
3. 动作做得过急。

目标锻炼肌群

肱三头肌
三角肌前束
三角肌后束
三角肌中束

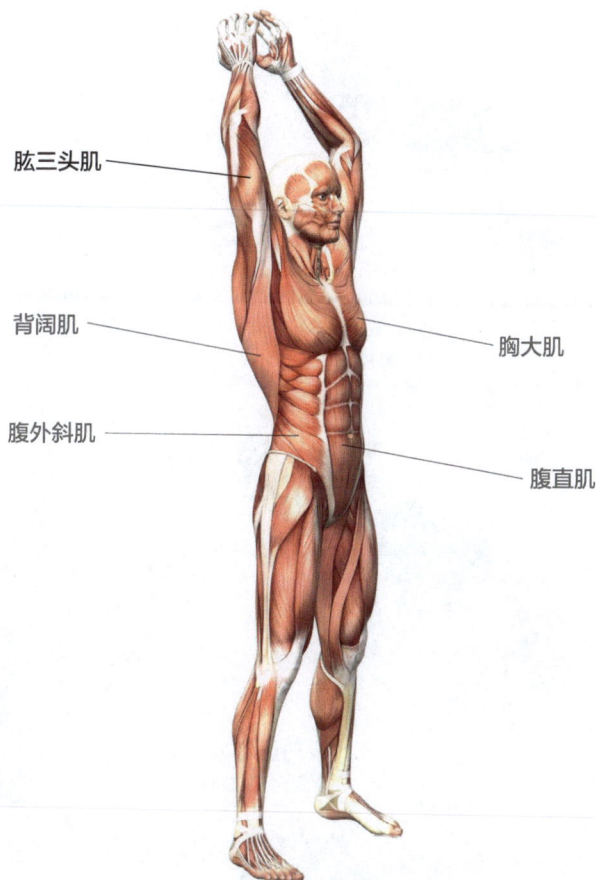

肱三头肌

背阔肌

腹外斜肌

胸大肌

腹直肌

益处

· 强化肩部和上臂

有下列问题时不建议做此项练习

· 肩部问题

哑铃 - 上斜 - 双臂胸前推举

1. 将训练椅调节为上斜30到45度的范围，坐在训练
   椅上，身体仰卧。双手握哑铃，放于胸前。
2. 双臂同时向上，将哑铃举起。
3. 回到起始姿势，重复规定次数。

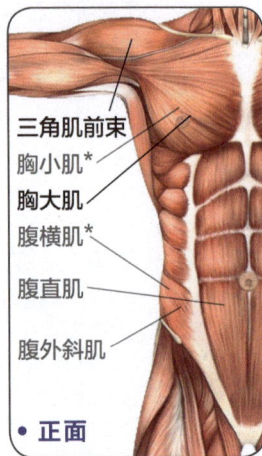

三角肌前束
胸小肌*
胸大肌
腹横肌*
腹直肌
腹外斜肌

● **正面**

举起哑铃
时呼气。

视角 转换

运动过程中颈
部和下颌放松。

下落时吸气。

聚焦篮球

1. 此练习与锻炼上半身力量的仰卧哑铃胸前推举非常相似。上斜位置针对的是胸部肌群（主要是上胸部），比水平卧推更注重三角肌前束和肱三头肌的锻炼。
2. 根据所使用的器械，训练椅的倾斜角度可能有所不同。标准倾斜角度通常为 45 度，但根据舒适度水平，一些运动员可能更喜欢选择 60 度。加强上半身力量，可以增强胸前传球时的力量，还可以增强篮下对抗的能力。

避免

1. 向上推举哑铃时，背部过度伸展。
2. 双臂下落速度过快。

目标锻炼肌群

胸大肌
三角肌前束
肱三头肌
前锯肌

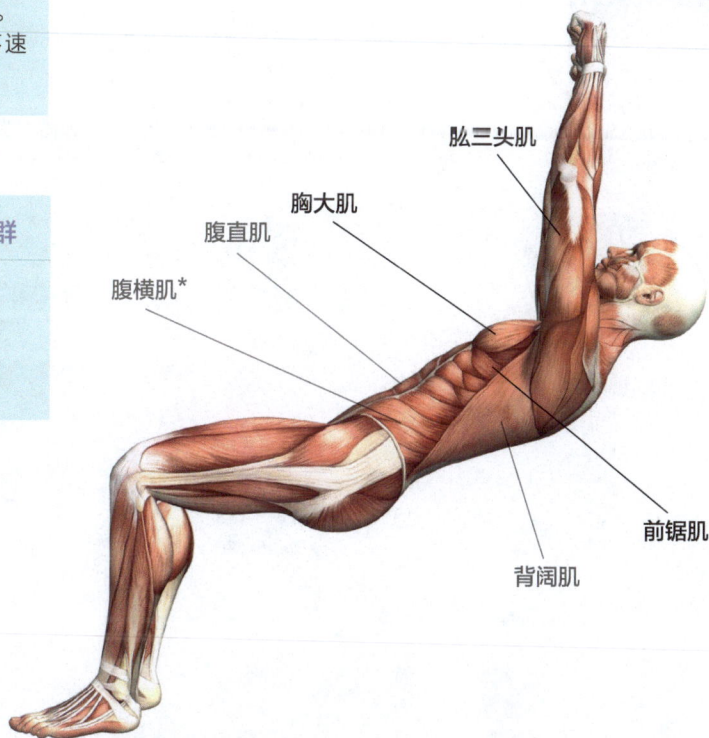

肱三头肌

胸大肌

腹直肌

腹横肌*

前锯肌

背阔肌

益处

· 强化肩部和上臂
· 强化胸部上斜力量

有下列问题时不建议做此项练习

· 肩部问题

弹力带－单臂胸前推

1. 直立站姿，双脚分开，距离约与肩同宽。双手握住弹力带两端，收左手置于胸前，右臂屈肘抬高至与地面平行且右手与左手置于相同高度，且前后分开一定距离使弹力带有张力。
2. 右臂向前伸肘至肘关节伸直，呈拉长号姿势。
3. 缓慢回到起始姿势，重复规定次数。对侧亦然。

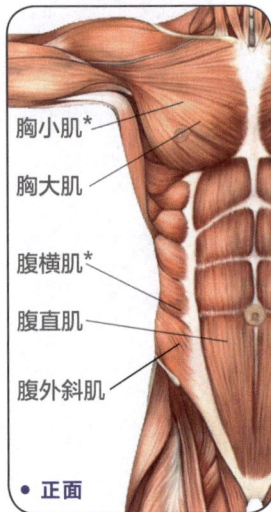

胸小肌*

胸大肌

腹横肌*

腹直肌

腹外斜肌

● 正面

通过向前伸展肘部和肩部来前推弹力带。

保持稳定的姿势。

手臂与肩齐平

整个运动中，收紧腹部。

视角 转换

聚焦篮球

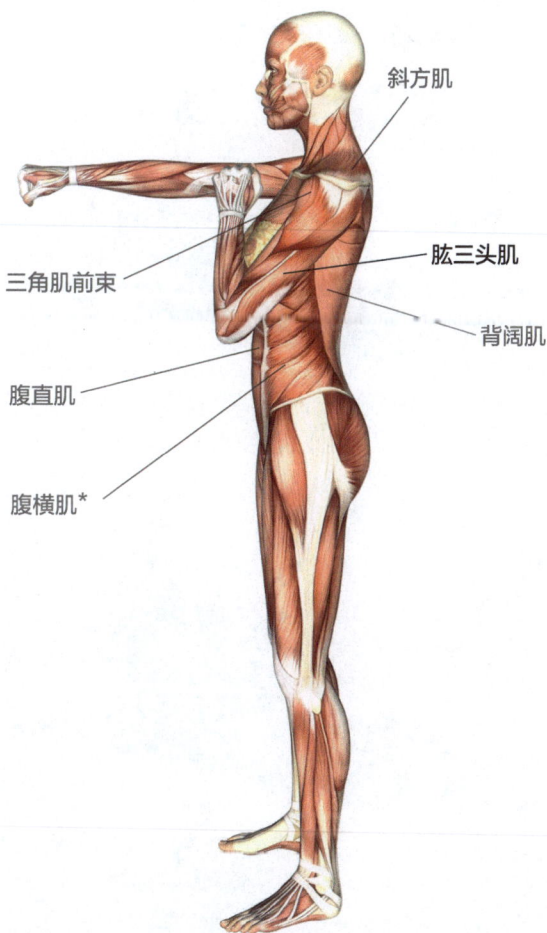

1. 如果无法去健身房或者身边没有重物，利用弹力带来进行锻炼是一种不错的方法。
2. 此练习对强化非主导性、薄弱侧的身体会很有帮助，可以锻炼胸大肌、胸小肌和三角肌前束。此练习可以强化传球和控球所需的肩部力量，提高传球和控制质量。
3. 站立姿势进行锻炼，也可以练习到稳定躯干的肌肉，以增强身体稳定性。

避免

1. 随着手臂的伸出，扭动躯干。
2. 耸肩。

目标锻炼肌群

肱三头肌

斜方肌

肱三头肌

背阔肌

三角肌前束

腹直肌

腹横肌*

益处	有下列问题时不建议做此项练习
·紧实胸部肌肉	·肩部问题

哑铃 – 瑞士球 – 上斜 – 双臂推举

1. 仰卧在瑞士球上，双脚踩实地面，臀部下落但不触地，使躯干与地面呈一定的角度（约45度）。双手各握一只哑铃置于肩关节前。
2. 保持躯干和双腿不动，双臂同时向上推哑铃至双臂伸直。
3. 回到起始姿势，重复规定次数。

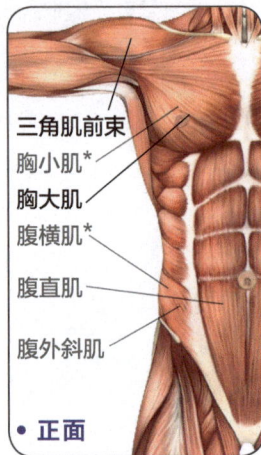

三角肌前束
胸小肌*
胸大肌
腹横肌*
腹直肌
腹外斜肌

• **正面**

双脚踩实地面。

收紧核心，保持身体稳定。

视角 转换

聚焦篮球

1. 此练习与锻炼上半身力量的仰卧哑铃胸前推举类似。上斜位置针对的是胸部肌群（主要是上胸部），比水平卧推更注重三角肌前束和肱三头肌的锻炼。在瑞士球上进行，可以进一步增加核心肌群的训练，增强稳定性。
2. 加强上半身力量，可以增强胸前传球时的力量，还可以增强篮下对抗的能力。

避免

1. 向上推举哑铃时，背部过度伸展。
2. 臀部接触地面。

目标锻炼肌群

胸大肌
三角肌前束
肱三头肌
前锯肌

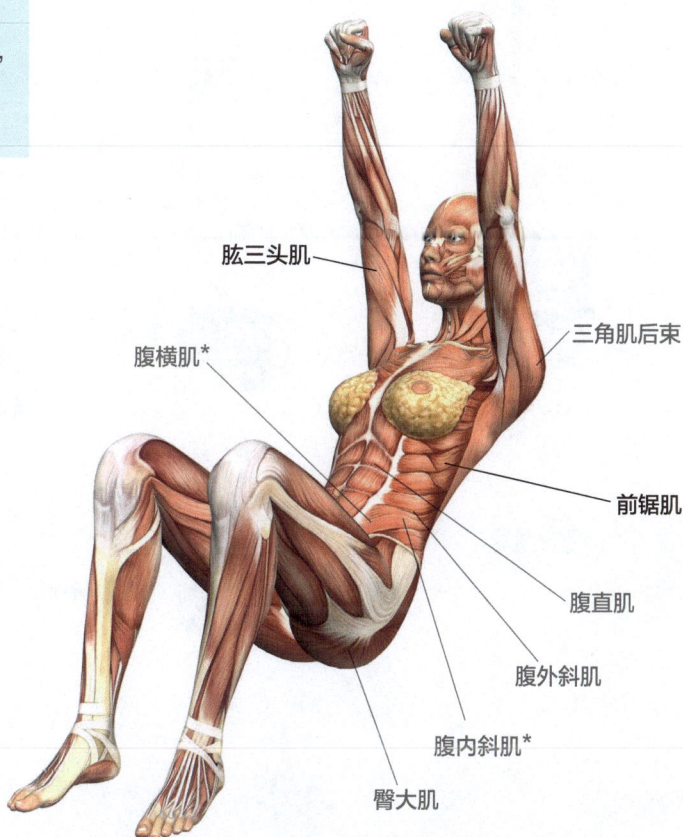

肱三头肌

三角肌后束

腹横肌*

前锯肌

腹直肌

腹外斜肌

腹内斜肌*

臀大肌

益处	有下列问题时不建议做此项练习
• 强化肩部和上臂	• 肩部问题

弹力带 – 站姿 – 双臂弯举

1. 直立站姿，双脚分开，距离约与肩同宽，双手握住弹力带两端，双脚固定弹力带中段。手臂自然垂于身体两侧，掌心向前，同时保持弹力带有一定的张力。
2. 保持上臂不动，双臂同时弯举，将弹力绳朝肩部方向向上提，至掌心向后。
3. 至极限位置后，回到起始姿势，重复规定次数。

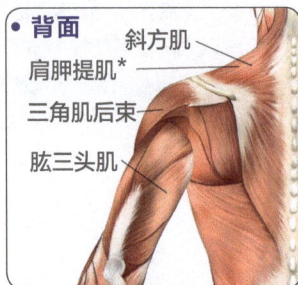

● **背面**　　　　斜方肌
肩胛提肌*
三角肌后束
肱三头肌

发力时收紧腹部。

视角 **转换**

聚焦篮球

此练习可以增强肱二头肌的力量，有助于提高投篮的稳定性，同时还可以提升在防守对方球员时的对抗能力。

避免

1. 运动中耸肩。
2. 完成动作速度过快。

目标锻炼肌群

肱二头肌

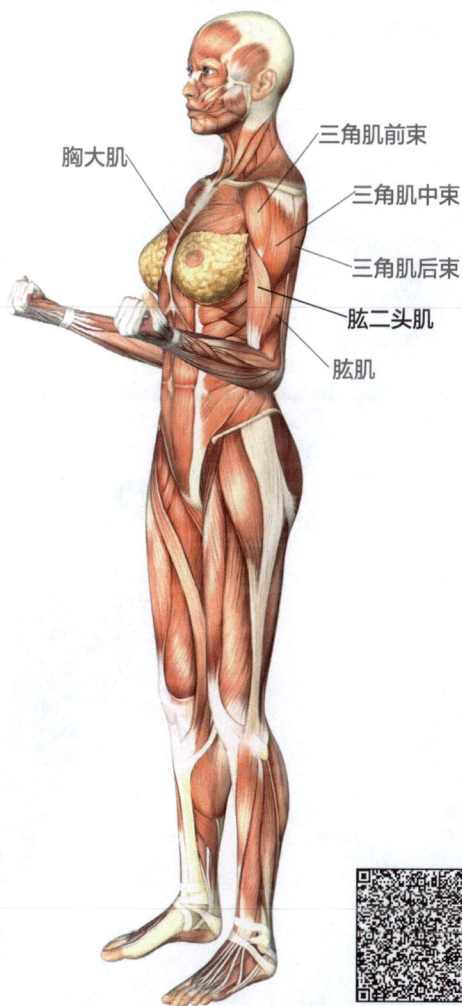

胸大肌

三角肌前束
三角肌中束
三角肌后束
肱二头肌
肱肌

提高难度
将弹力带换成一定质量的哑铃，进行训练。

益处
· 强化肱二头肌

有下列问题时不建议做此项练习
· 腕部或肘部问题

TRX- 双臂后拉

1. 双手握住TRX把手，身体后仰，双臂伸直，双脚支撑地面。
2. 双臂同时发力向后拉悬吊绳至身体两侧。
3. 回到起始姿势，重复规定次数。

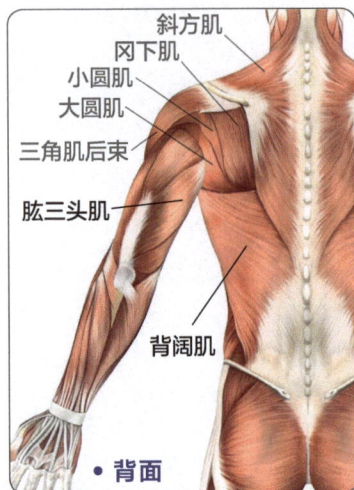

斜方肌
冈下肌
小圆肌
大圆肌
三角肌后束
肱三头肌
背阔肌

• 背面

手臂和腿完全伸展。

将身体向前拉时呼气。

回到起始姿势时吸气。

聚焦篮球

1. 悬吊后拉可以有效锻炼背部肌群，强壮的背部可以使篮球运动员在跳起抢篮板球或防守对手时有更高效的力量输出。
2. 此练习还可以帮助锻炼肩后部肌群，这对长距离投篮和防守对手能力的提升都有所帮助。

避免

1. 运动过程中含胸。
2. 随着动作转动肩或身体。

目标锻炼肌群

背阔肌
肱三头肌

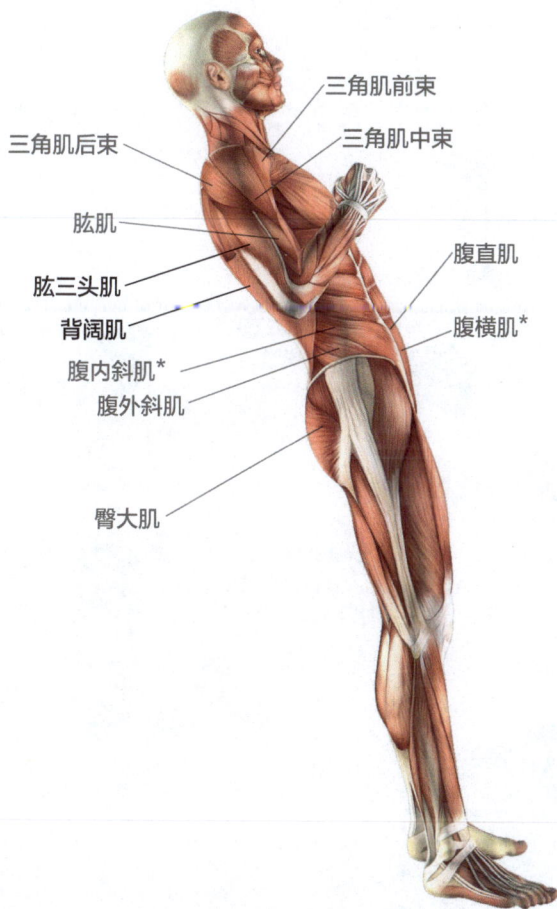

三角肌前束

三角肌中束

三角肌后束

肱肌

肱三头肌

背阔肌

腹内斜肌*

腹外斜肌

腹直肌

腹横肌*

臀大肌

益处	有下列问题时不建议做此项练习
• 增加背部肌肉的力量	• 背部问题

弹力带 − 跪姿 − 斜角下拉

1. 跪姿，双臂斜45度举过头顶，双手握弹力带两端，肘关节伸直。弹力带中段固定在身前高处的物体上。
2. 双臂同时缓慢向后下方拉弹力带。
3. 拉至躯干两侧，稍作停顿，回到起始姿势，重复规定次数。

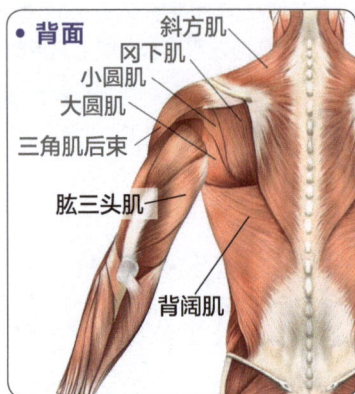

- 背面　　斜方肌
　　　　　冈下肌
　　小圆肌
　　大圆肌
　三角肌后束
　　肱三头肌
　　　　　背阔肌

收紧核心，使用背部和肱三头肌发力下拉弹力带。

往下拉的同时呼气，回到起始姿势的同时吸气。

视角 转换

聚焦篮球

1. 下拉练习可以帮助锻炼上背部的牵引肌群，对投篮出手后的手臂动作有加强作用，从而有助于预防肩部损伤。
2. 强壮的背部将对跑动和抢篮板球有所帮助。拥有强壮的背部肌肉有助于提高稳定性和控制力，从而提高投篮的命中率。

避免

1. 往下拉弹力带时屈曲腕关节。
2. 屈髋，利用降低重心下拉弹力带。

目标锻炼肌群

背阔肌
肱三头肌
前锯肌

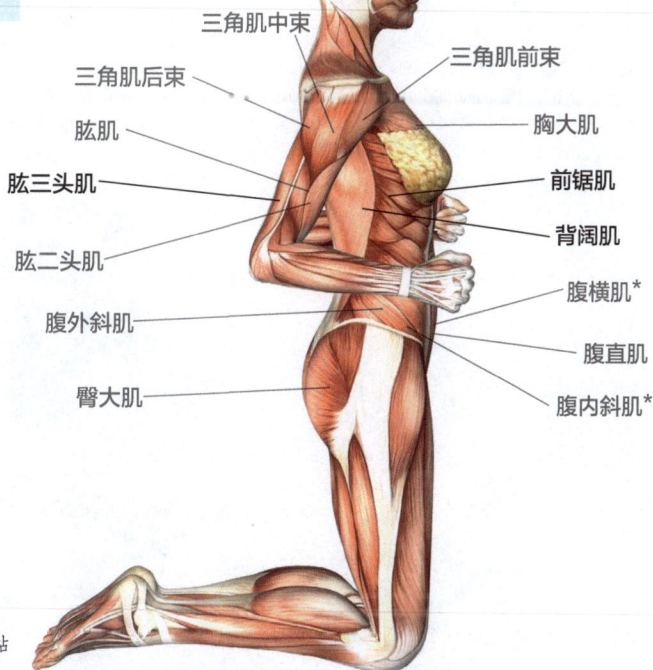

三角肌中束
三角肌后束
三角肌前束
肱肌
胸大肌
肱三头肌
前锯肌
肱二头肌
背阔肌
腹外斜肌
腹横肌*
腹直肌
臀大肌
腹内斜肌*

变换动作
还可以采用站姿做下拉练习。

益处
·增加背部肌肉的力量

有下列问题时不建议做此项练习
·背部问题

哑铃 – 训练椅 – 半跪 – 单臂后拉

1. 同侧手、膝支撑在训练椅上，另一只脚支撑地面，单手握哑铃自然下垂。
2. 单臂后拉至躯干一侧。
3. 回到起始姿势，重复规定次数。

斜方肌
冈下肌
小圆肌
大圆肌
三角肌后束
肱三头肌
菱形肌*
• 背面

支撑身体的手臂微微弯曲。

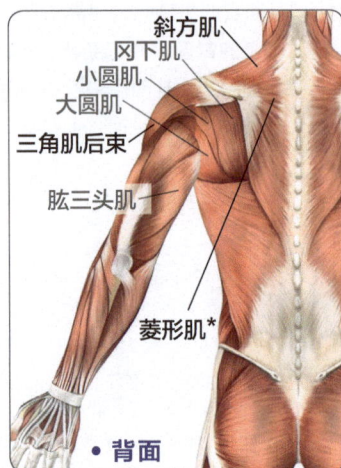

哑铃贴近身体。

聚焦篮球

1. 此练习是主要针对三角肌后束的训练动作，这是投篮或抢篮板球时需要的一块关键肌肉。
2. 单臂训练有助于锻炼较弱的手臂，同时让占主导的手臂保持足够的力量。双臂拥有相当的力量，对被迫使用非主导手投篮的篮球运动员会有所帮助。

避免

1. 弓背。
2. 凭借冲力将哑铃拉起。

目标锻炼肌群

三角肌后束
背阔肌
斜方肌
菱形肌

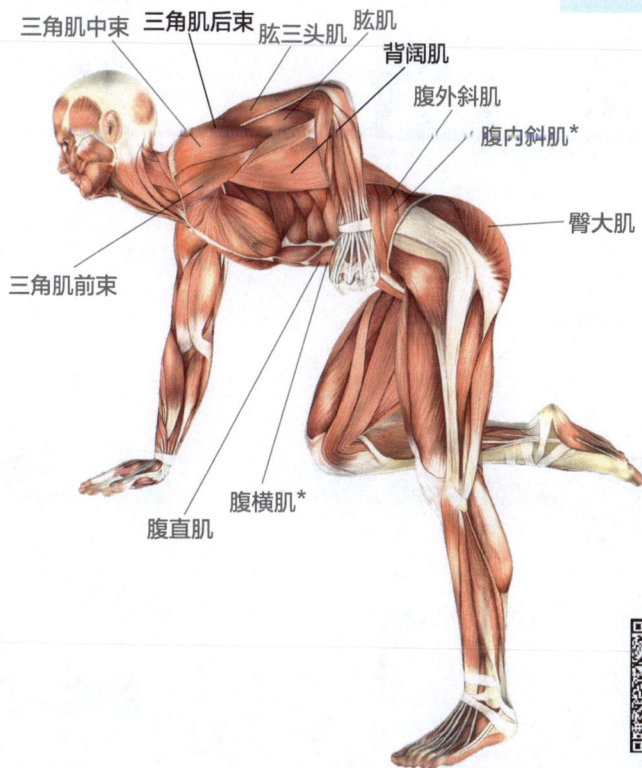

三角肌中束　三角肌后束　肱三头肌　肱肌　背阔肌

腹外斜肌

腹内斜肌*

臀大肌

三角肌前束

腹横肌*

腹直肌

益处

• 增加肩部、背部的力量

有下列问题时不建议做此项练习

• 背部问题

弹力带 – 坐姿 – 直腿后拉

1. 坐姿，双腿平放在体前，膝关节伸直。双臂屈肘约呈90度，双手握紧弹力带两端。弹力带中段固定在脚下，保持弹力带有一定的张力。
2. 双臂同时后拉，至身体两侧，稍作停顿。
3. 回到起始姿势，重复规定次数。

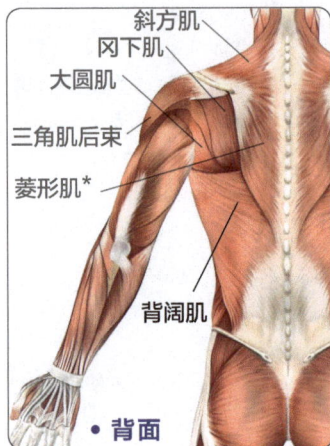

斜方肌
冈下肌
大圆肌
三角肌后束
菱形肌*

背阔肌

• 背面

保持脊柱直立，不要后倾。

保持躯干稳定，以较慢、有控制的节奏后拉双臂。

将弹力带拉向身体的同时呼气，回到起始姿势的同时吸气。

视角 转换

聚焦篮球

上背部在稳定肩胛带和保持姿势的过程中发挥着重要作用。篮球运动员一般拥有较长的躯干，需要更强的背部肌肉，以增强对抗能力，并保护他们在比赛中或冲向篮筐时免受伤害。

避免

1. 回到起始姿势过程中含胸。
2. 双臂未能同时运动，导致肩部转动。

目标锻炼肌群

背阔肌
肱桡肌

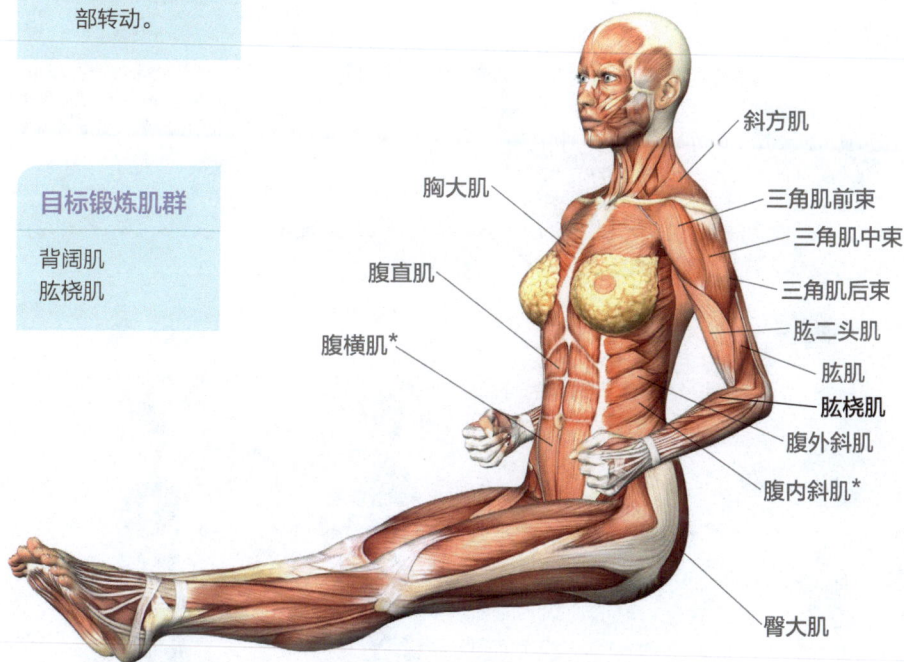

斜方肌
三角肌前束
三角肌中束
三角肌后束
肱二头肌
肱肌
肱桡肌
腹外斜肌
腹内斜肌*
臀大肌

胸大肌
腹直肌
腹横肌*

益处
· 增加肩部、背部的力量

有下列问题时不建议做此项练习
· 背部问题

哑铃－俯身后拉－伸髋

1. 俯身站立，膝关节微屈。双手各握一只哑铃自然垂于身体两侧，掌心相对。
2. 双臂自躯干两侧同时后拉哑铃。至肩关节极限位置，保持2秒。
3. 核心收紧，向上挺身，手臂和哑铃的位置不变，直到身体站立挺直。
4. 然后放下哑铃成直立站姿。回到初始站姿，重复规定次数。

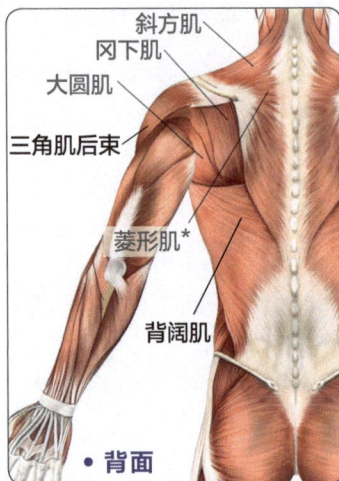

斜方肌
冈下肌
大圆肌
三角肌后束
菱形肌*
背阔肌

• 背面

收紧臀部肌肉。

膝关节稍微屈曲，使用臀部和腘绳肌发力。

视角 转换

聚焦篮球

1. 此练习不仅可以锻炼到背部还可以有效锻炼到腿后肌群。确保正确的训练姿势，可以使训练效果更加明显。
2. 此练习是增强肩部、背部和腿部的综合性动作，可以有效提升球员的身体对抗能力，同时，还有助于预防损伤。

避免

1. 运动过程中含胸。
2. 利用惯性后拉哑铃。
3. 运动过程中低头。

目标锻炼肌群

背阔肌
三角肌后束
肱肌

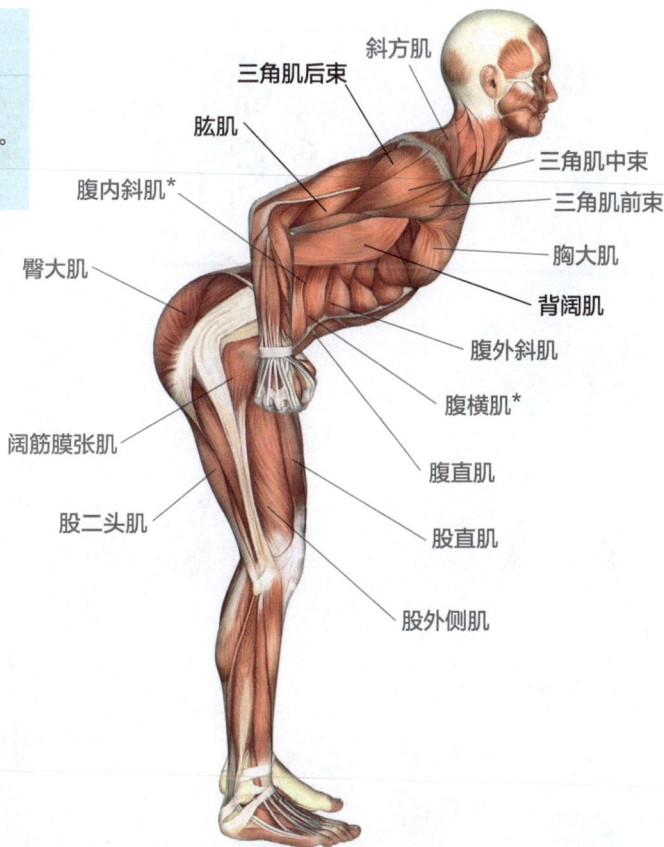

斜方肌
三角肌后束
肱肌
腹内斜肌*
臀大肌
阔筋膜张肌
股二头肌
三角肌中束
三角肌前束
胸大肌
背阔肌
腹外斜肌
腹横肌*
腹直肌
股直肌
股外侧肌

益处

- 增加肩部、背部和腿部的力量

有下列问题时不建议做此项练习

- 背部问题

哑铃 - 站姿 - 双臂提拉

1. 直立站姿，双手各握一只哑铃，自然垂于身体前，掌心向后。
2. 双臂同时向上提拉，将哑铃拉至胸口锁骨处，保持2秒。
3. 回到起始姿势，重复规定次数。

上提哑铃的同时弯曲手肘。

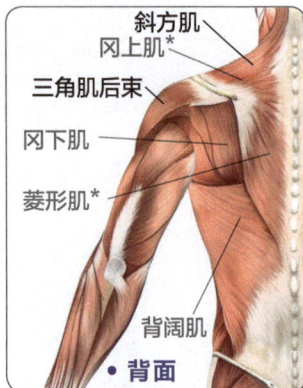

斜方肌
冈上肌*
三角肌后束
冈下肌
菱形肌*
背阔肌
• 背面

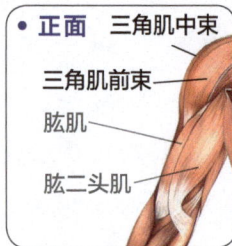

• 正面   三角肌中束
三角肌前束
肱肌
肱二头肌

躯干保持稳定，背部挺直，腹部收紧。

视角 转换

聚焦篮球

1. 哑铃提拉是一种很好的多关节练习动作，可以有效提升肩部功能。
2. 还可以使用壶铃或杠铃来完成此练习。快速提拉哑铃会刺激神经系统，加强肌肉收缩能力，增强投篮的稳定性。

避免

1. 运动中晃动哑铃。
2. 弓背或上半身前倾。

目标锻炼肌群

三角肌前束
三角肌后束
三角肌中束
斜方肌

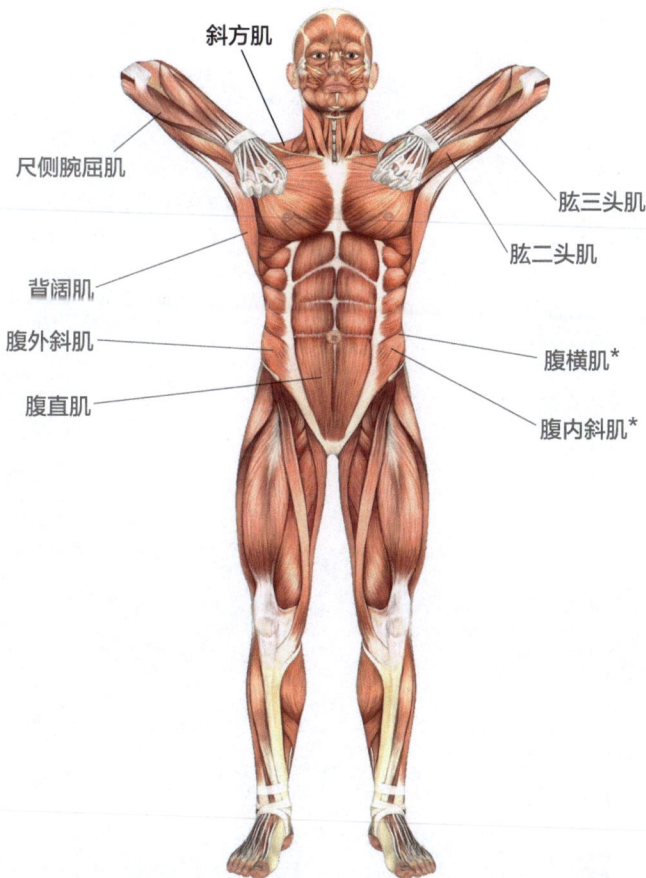

斜方肌

尺侧腕屈肌

背阔肌

腹外斜肌

腹直肌

肱三头肌

肱二头肌

腹横肌*

腹内斜肌*

益处

- 增加肩部、背部的力量

有下列问题时不建议做此项练习

- 背部问题

第 5 章

提高运动表现的
爆发力训练

壶铃 - 爆发力甩摆

1. 将壶铃放在身前地面合适的距离处，腰背挺直，屈髋屈膝下蹲，双手握住壶铃柄。

2. 提起壶铃，微起身，顺势将壶铃通过双腿之间向后甩。

3. 壶铃到达身后最远点时，立即伸髋伸膝使壶铃沿一条上升弧前移，手臂伸直，直到壶铃升到胸部高度。

4. 缓慢下蹲，降低重心，向后推髋部，让壶铃沿其运动弧线降低，通过两腿之间，到达身后。重复以上甩摆步骤完成规定次数。

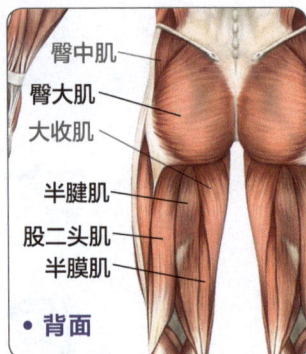

臀中肌
臀大肌
大收肌
半腱肌
股二头肌
半膜肌

● 背面

背部挺直。

注意髋部发力。

聚焦篮球

1. 壶铃甩摆是一种多关节参与的综合性练习动作，球员可以通过该动作掌握三重伸展运动模式（踝关节、膝关节和髋关节伸展）。三重伸展是跑和跳的重要组成部分，因此，这对于要求有良好的速度和弹跳能力的篮球运动员而言至关重要。
2. 此练习可以有效提高球员的爆发力，从而增强快速启动和弹跳的能力。

避免

1. 甩摆时，使用手臂移动壶铃。
2. 不具有很好的深蹲技术。

目标锻炼肌群

臀大肌
半腱肌
股二头肌
半膜肌

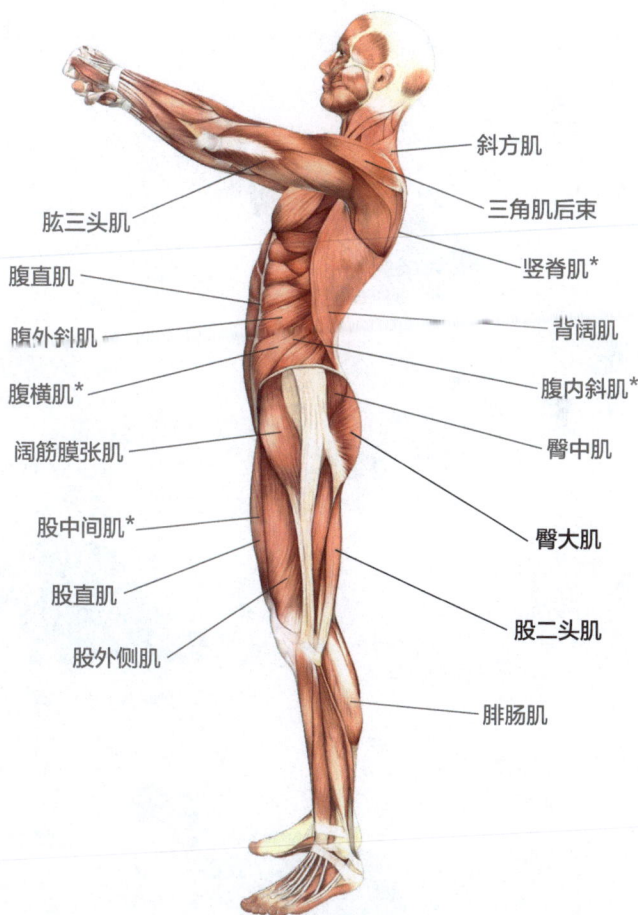

斜方肌

三角肌后束

肱三头肌

竖脊肌*

腹直肌

背阔肌

腹外斜肌

腹内斜肌*

腹横肌*

臀中肌

阔筋膜张肌

臀大肌

股中间肌*

股直肌

股二头肌

股外侧肌

腓肠肌

益处	有下列问题时不建议做此项练习
・强化髋关节 ・强化动作模式	・腰背部问题 ・膝部问题

哑铃－单腿站姿－双臂俯身后拉

1. 俯身单腿站立，双手各握一只哑铃自然垂于身体两侧，手心相对。腰背挺直，支撑腿膝关节微屈。
2. 双臂同时快速后拉哑铃，至躯干两侧，稍作停顿。
3. 双臂缓慢恢复下垂姿势，重复规定次数。

臀中肌
臀大肌
半腱肌
股二头肌
半膜肌

● **背面**

身体稳定，不要晃动。

运动过程中保持背部挺直。

躯干不要发生扭转。

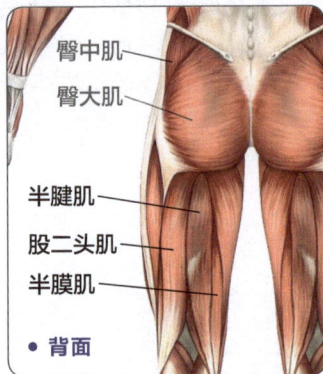

聚焦篮球

进行单腿双臂俯身后拉时，保持身体稳定对抗后拉哑铃产生的力，可以增强躯干尤其是背部的肌肉力量和核心肌群的稳定性，从而使球员具备更强的对抗能力。

避免

1. 弓背。
2. 凭着一股冲力拉起哑铃。
3. 身体晃动，无法保持稳定。

目标锻炼肌群

背阔肌
半腱肌
半膜肌
股二头肌

降低难度
如果很难完成，可以将腿放下，做基本俯身后拉。

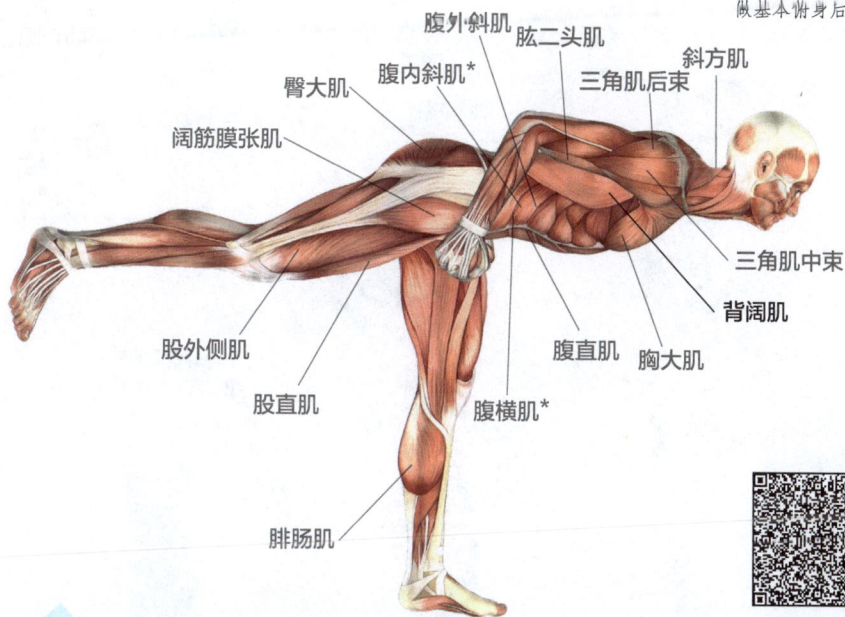

腹外斜肌
肱二头肌
腹内斜肌*
三角肌后束
斜方肌
臀大肌
三角肌后束
阔筋膜张肌
三角肌中束
背阔肌
股外侧肌
腹直肌
胸大肌
股直肌
腹横肌*
腓肠肌

益处

- 增强肩部和背部的力量和爆发力

有下列问题时不建议做此项练习

- 腰背部问题

哑铃 – 双臂高翻推举

1. 双手各握一只哑铃自然下垂，双脚分开，距离约与肩同宽。微屈髋屈膝，降低重心。
2. 伸髋伸膝，顺势上拉哑铃。
3. 借助惯性下蹲，同时将哑铃高翻至肩关节前方。
4. 再次伸髋伸膝，身体站直的同时向上推举哑铃，至双臂伸直。然后回到起始姿势，重复规定次数。

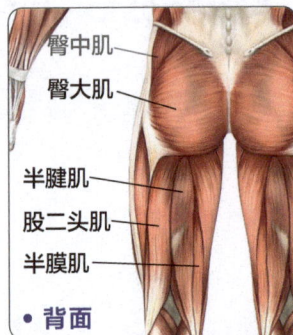

臀中肌
臀大肌
半腱肌
股二头肌
半膜肌

• 背面

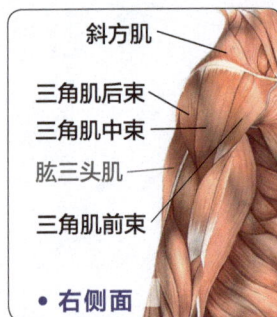

斜方肌
三角肌后束
三角肌中束
肱三头肌
三角肌前束

• 右侧面

将哑铃高翻至肩关节前方。

膝关节保持微屈。

哑铃举过头顶。

视角 转换

聚焦篮球

高翻推举练习属于技巧性力量训练动作，可以有效锻炼全身的协调性，提升爆发力，有助于增加球员的本体感觉和肌肉的控制能力，并提高运动员的身体对抗能力，从而使球员在面对高难度、强对抗的情况下仍能进球得分。

避免

1. 不具有良好的深蹲技术。
2. 哑铃质量过大。

目标锻炼肌群

臀大肌	股直肌
半腱肌	股中间肌
股二头肌	三角肌中束
半膜肌	三角肌前束
股外侧肌	三角肌后束
股内侧肌	

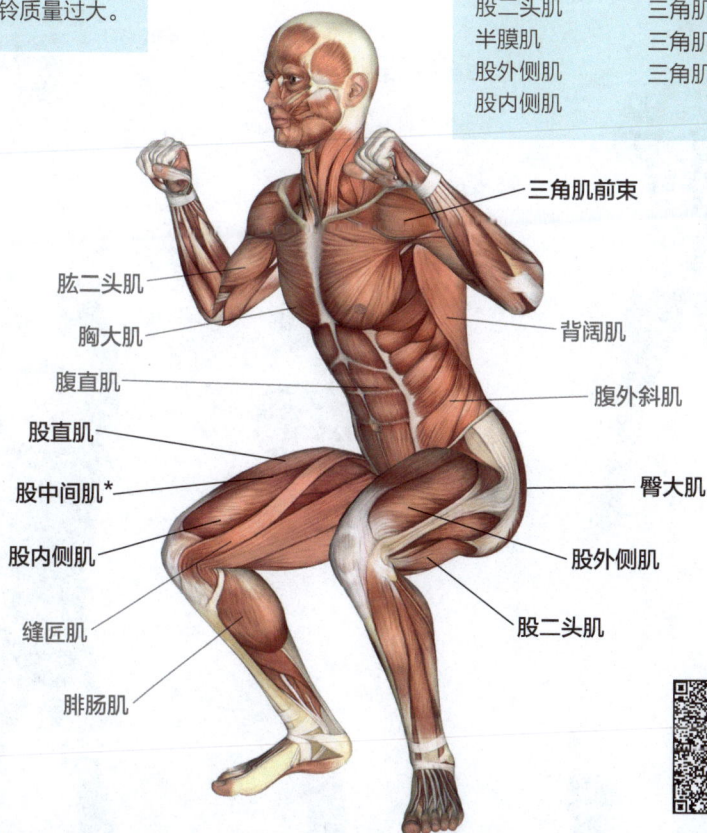

三角肌前束

肱二头肌

胸大肌

腹直肌

股直肌

股中间肌*

股内侧肌

缝匠肌

腓肠肌

背阔肌

腹外斜肌

臀大肌

股外侧肌

股二头肌

益处

· 增强身体力量和爆发力

有下列问题时不建议做此项练习

· 腰背部问题
· 膝部问题
· 肩部问题

壶铃 - 前蹲 - 双臂挺举

1. 直站姿，双脚分开略宽于肩部。双手各握一只壶铃呈架式放在肩关节前方。
2. 后移髋部，屈膝，快速做深蹲姿。
3. 向上起身的同时双臂上举过头顶，稍作停顿。回到起始姿势，重复规定次数。

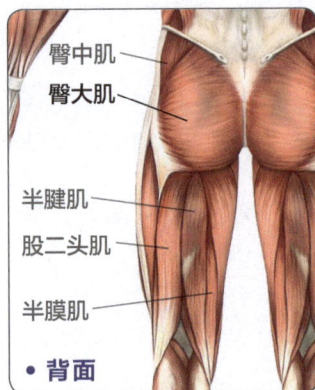

臀中肌
臀大肌
半腱肌
股二头肌
半膜肌

● **背面**

壶铃放在肩关节前方。

稳定壶铃，不要晃动。

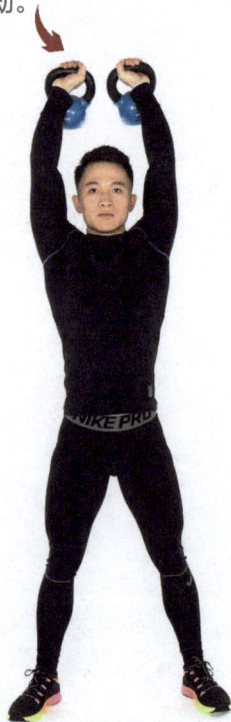

视角 **转换**

聚焦篮球

1. 此练习可以有效增强身体的力量和爆发力。同时将壶铃举过头顶，并保持稳定，有助于提高肩关节的稳定性和核心力量。
2. 肩关节稳定性和核心力量对身体腾空离开地面时保持姿势很重要，因此，此练习可以强化跳投和抢篮板球时的动作质量。

避免

1. 不具有良好的深蹲技术。
2. 壶铃质量过大。

目标锻炼肌群

股外侧肌
股内侧肌
股直肌
股中间肌
三角肌前束
臀大肌

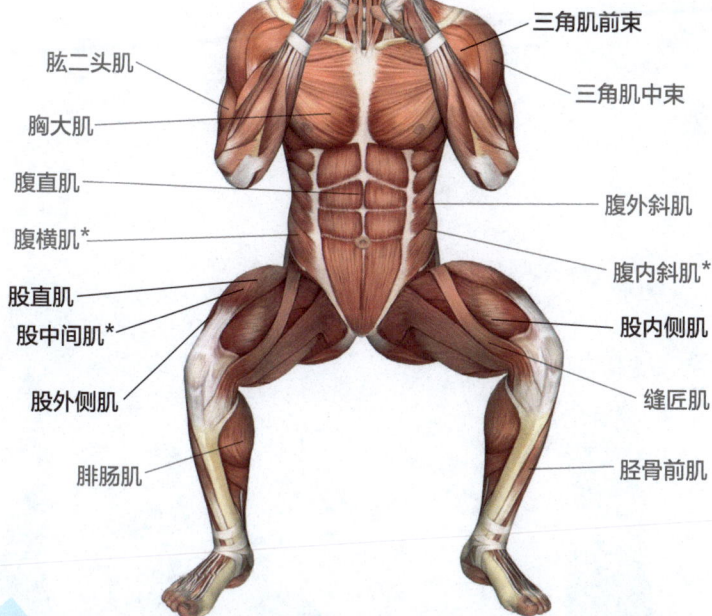

三角肌前束

三角肌中束

肱二头肌

胸大肌

腹直肌

腹横肌*

股直肌

股中间肌*

股外侧肌

腓肠肌

腹外斜肌

腹内斜肌*

股内侧肌

缝匠肌

胫骨前肌

益处

- 增强身体的力量和爆发力
- 提高肩关节稳定性

有下列问题时不建议做此项练习

- 腰背部问题
- 膝部问题

哑铃－双臂抓举

1. 双手握哑铃自然下垂，双脚分开，距离约与肩同宽。微屈膝屈髋降低重心，使哑铃位于膝关节下方。
2. 伸髋伸膝，同时双臂向上拉起哑铃。
3. 双臂上拉至胸部位置时顺势将哑铃举过头顶。回到起始姿势，重复规定次数。

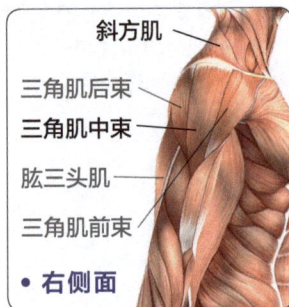

斜方肌
三角肌后束
三角肌中束
肱三头肌
三角肌前束

• **右侧面**

将哑铃贴近身体向上拉起。

哑铃位置低于膝关节。

手臂伸直，手心向前。

视角 转换

聚焦篮球

1. 最初进行此练习时应使用较轻质量的哑铃，以掌握正确的动作并找到快速移动哑铃的路线。
2. 抓举是一项全身性练习动作，可以有效增强身体的力量和爆发力。同时此练习还可以强化腿部蹬地发力的能力，从而改善弹跳能力，并有效提高球员抢篮板球时的弹跳速度。

避免

1. 身体前后晃动。
2. 哑铃质量过大。

目标锻炼肌群

三角肌中束
斜方肌

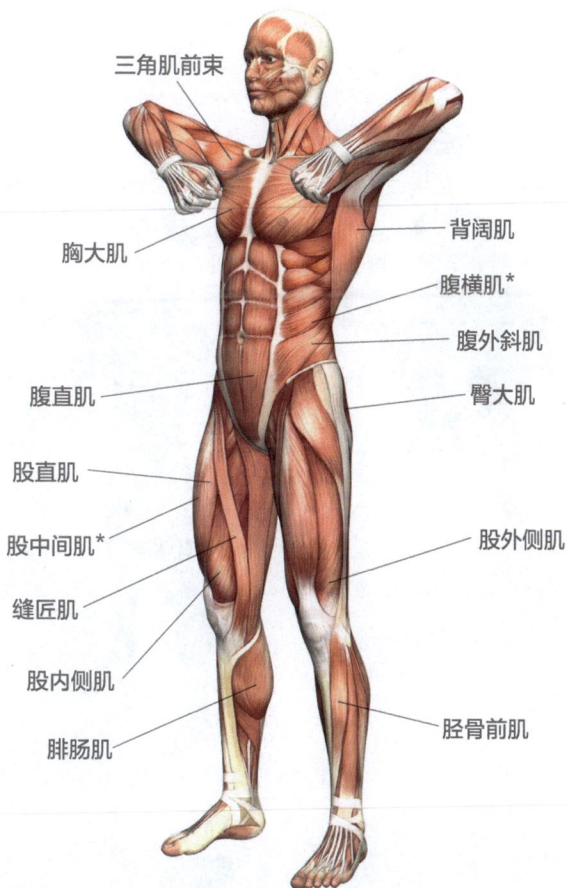

三角肌前束

胸大肌

腹直肌

股直肌

股中间肌*

缝匠肌

股内侧肌

腓肠肌

背阔肌

腹横肌*

腹外斜肌

臀大肌

股外侧肌

胫骨前肌

益处

- 增强身体力量和爆发力
- 改善弹跳能力和速度

有下列问题时不建议做此项练习

- 腰背部问题
- 膝部问题

壶铃 – 双臂高翻

1. 屈髋屈膝降低重心，双手各握一只壶铃，自然
   垂于身前。
2. 迅速伸膝顶髋，直立身体。同时双臂上拉壶铃
   至胸前，并翻转至架式持铃姿势。
3. 回到起始姿势，重复规定次数。

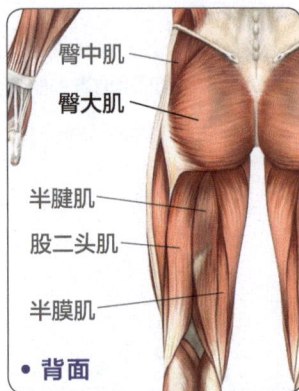

臀中肌

臀大肌

半腱肌

股二头肌

半膜肌

• **背面**

背部挺直。

膝关节与脚尖
朝向一致。

壶铃放在肩关
节前方。

视角转换

聚焦篮球

高翻练习属于技巧性力量训练动作，可以有效增强身体力量，并提升爆发力，同时也有助于加强球员的本体感觉和身体的控制能力，从而提高运动员的身体对抗能力，使球员在面对高难度、强对抗的情况下仍能进球得分。

避免

1. 屈髋不充分。
2. 膝关节内扣。
3. 弓背。

目标锻炼肌群

股外侧肌
股内侧肌
股直肌
股中间肌
臀大肌
斜方肌

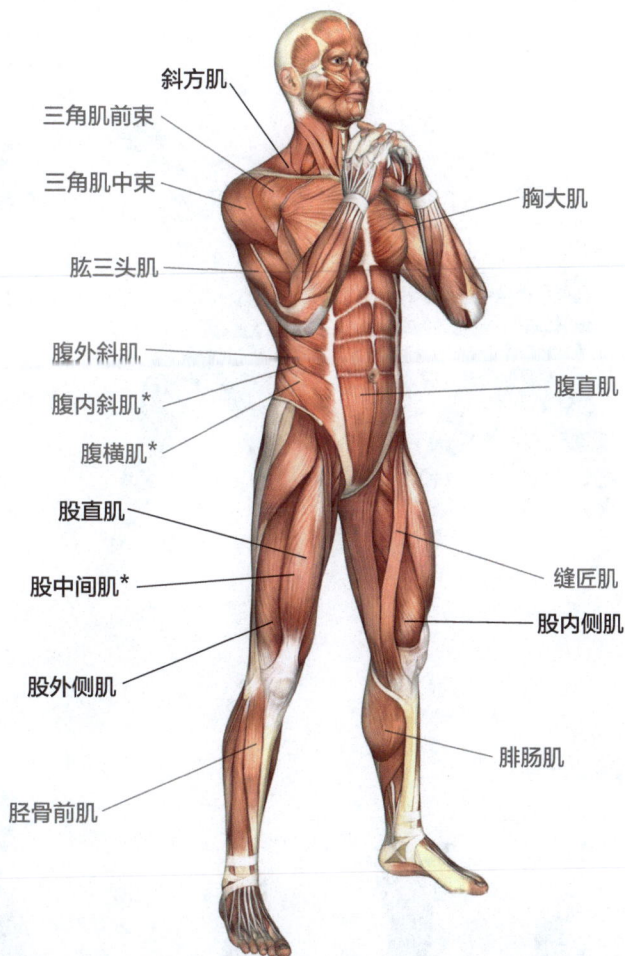

斜方肌
三角肌前束
三角肌中束
胸大肌
肱三头肌
腹外斜肌
腹内斜肌*
腹横肌*
腹直肌
股直肌
缝匠肌
股中间肌*
股内侧肌
股外侧肌
腓肠肌
胫骨前肌

益处
· 增强身体力量和爆发力

有下列问题时不建议做此项练习
· 腰背部问题
· 膝部问题

壶铃－双臂高拉－单铃

1. 基本站姿，微屈膝屈髋，略向下蹲。双手握一只壶铃，自然下垂放在身前。
2. 迅速顶髋，同时双臂借力高拉壶铃至胸前，稍作停顿。
3. 回到起始姿势，重复规定次数。

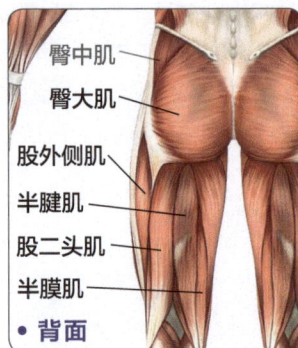

臀中肌
臀大肌
股外侧肌
半腱肌
股二头肌
半膜肌
● **背面**

肘部牵引身体。

屈髋屈膝降低身体重心。

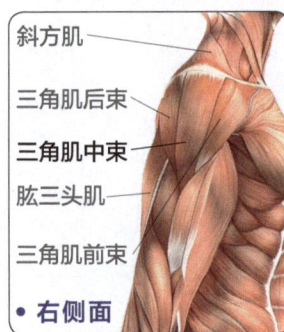

斜方肌
三角肌后束
三角肌中束
肱三头肌
三角肌前束
● **右侧面**

视角 转换

聚焦篮球

壶铃高拉是锻炼肩部、髋部和下肢肌群的复合性动作，长期有效的锻炼可以提升肌肉爆发力、增加肌肉围度，使球员在赛场上，无论是持球进攻还是在无球防守中都处于良好的状态。

避免

1. 上半身过度前倾，有弓背现象。
2. 发力不协调，无法从下肢传导力。

目标锻炼肌群

三角肌中束
臀大肌
股外侧肌
股内侧肌
股直肌
股中间肌
半腱肌
股二头肌
半膜肌

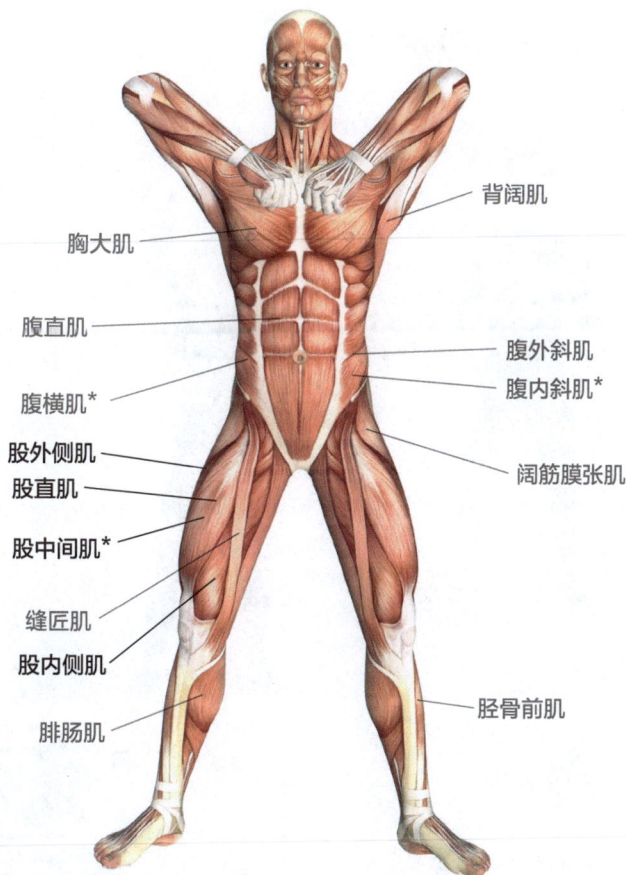

胸大肌

腹直肌

腹横肌*

股外侧肌

股直肌

股中间肌*

缝匠肌

股内侧肌

腓肠肌

背阔肌

腹外斜肌

腹内斜肌*

阔筋膜张肌

胫骨前肌

益处

- 增强身体力量和爆发力

有下列问题时不建议做此项练习

- 腰背部问题
- 膝部问题

药球 – 过顶下砍

1. 直立姿站，双脚分开，距离约与肩同宽，双手握药球置于胸前。
2. 双手将药球从体前举过头顶，最终举至头部后方。
3. 屈髋屈膝，尽可能用最大力量快速向下砍，呈双腿下蹲姿势。
4. 回到起始姿势，重复规定次数。

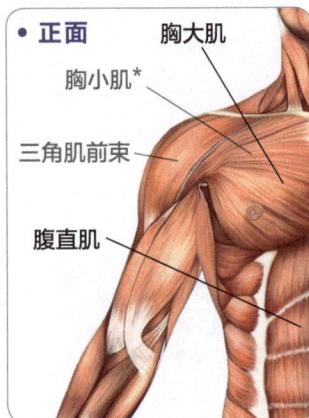

正面　胸大肌
胸小肌*
三角肌前束
腹直肌

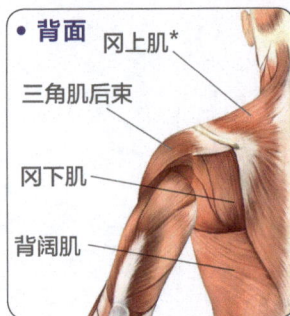

背面　冈上肌*
三角肌后束
冈下肌
背阔肌

挺胸收腹直立，双眼注视前方。

举球的同时肘部稍微弯曲。

视角 转换

屈髋屈膝，降低身体重心。

聚焦篮球

1. 此练习是同时针对胸大肌和背阔肌爆发性的练习，能够增强身体的对抗能力。
2. 此练习可以强化接球或抢篮板球后身体的稳定能力。

避免

1. 运动中弓背或身体前倾。
2. 背部扭动幅度过大。

目标锻炼肌群

胸大肌
腹直肌

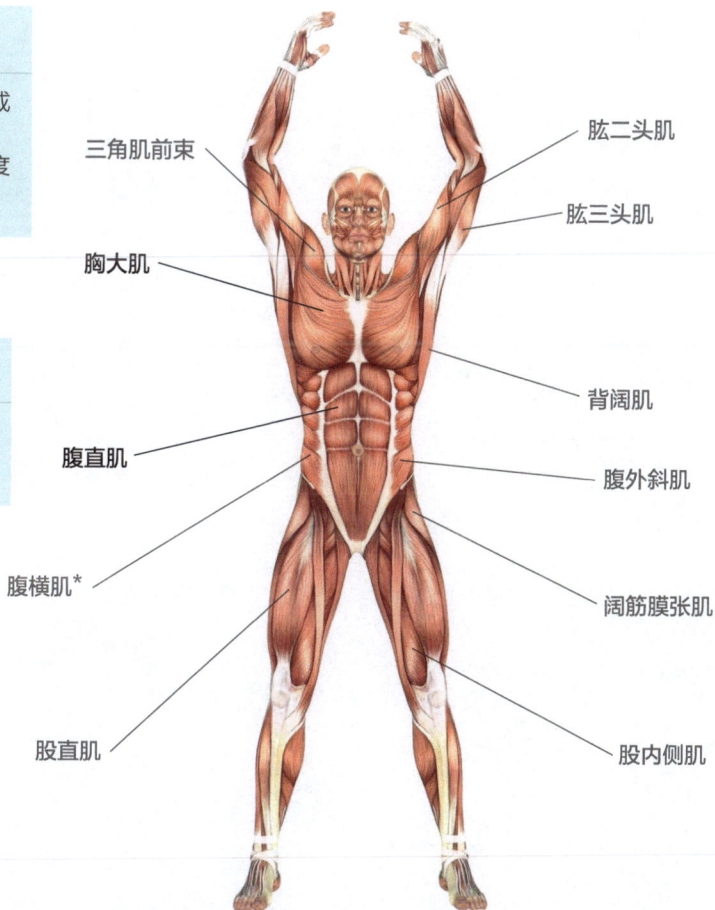

三角肌前束

肱二头肌

肱三头肌

胸大肌

背阔肌

腹直肌

腹外斜肌

腹横肌*

阔筋膜张肌

股直肌

股内侧肌

益处

- 有效调动前部核心肌群

有下列问题时不建议做此项练习

- 肩部问题
- 腕部问题

第 6 章

提高反应速度的快速
伸缩复合训练

波比跳

1. 直立站姿，双脚并拢，双臂自然垂于身体两侧，面部朝前。
2. 屈髋屈膝下蹲，双脚与双手支撑地面，呈俯卧撑姿势。
3. 屈肘下降。
4. 完成一次俯卧撑。
5. 双腿略微跳起并向前屈髋屈膝，呈俯身姿势。
6. 双脚蹬地跳起，同时双手向上摆动击掌。
7. 回到起始姿势，重复以上步骤，完成规定次数。

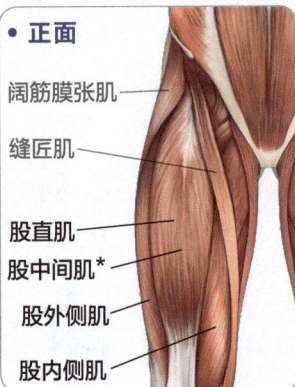

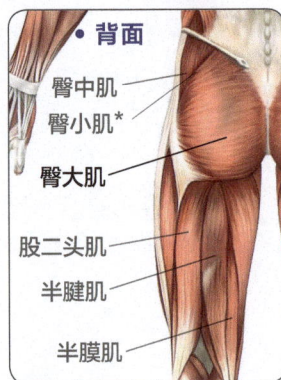

• **正面**

阔筋膜张肌

缝匠肌

股直肌

股中间肌*

股外侧肌

股内侧肌

• **背面**

臀中肌

臀小肌*

臀大肌

股二头肌

半腱肌

半膜肌

双腿略微跳起并向后伸直，臀部收紧。

确保在运动过程中核心肌群处于收紧状态。

支撑地面的双手与肩同宽。

聚焦篮球

波比跳是一项综合性练习动作，不仅可以有效提高球员的跳跃能力，还可以增强快速反应能力，以提高球员在抢篮板球、跳投以及快速运球中的表现。同时对球员心肺功能的提升也有一定帮助。

避免

1. 跳起后落地时太用力。
2. 为了保持快速运动而忽视动作姿势的细节。

目标锻炼肌群

臀大肌	腹横肌
股中间肌	胸大肌
股外侧肌	
股内侧肌	
股直肌	
腹直肌	

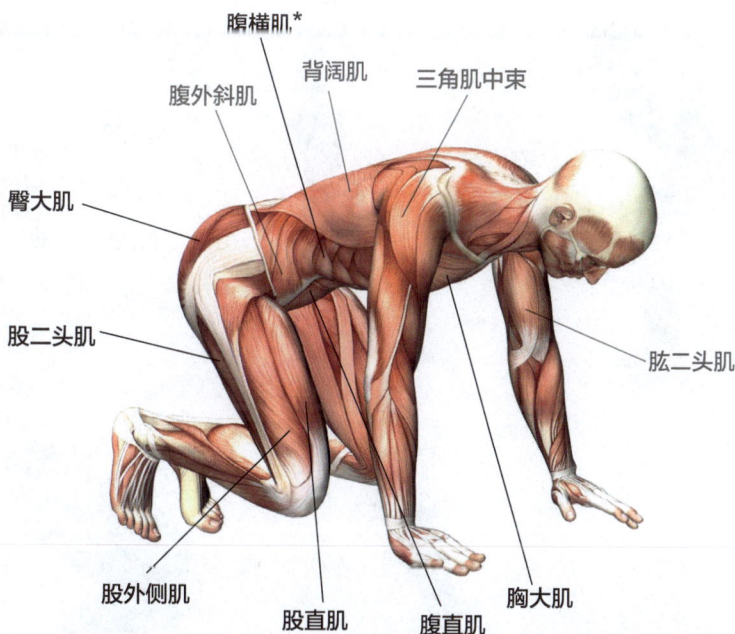

腹横肌*

背阔肌

三角肌中束

腹外斜肌

臀大肌

股二头肌

肱二头肌

股外侧肌

股直肌

腹直肌

胸大肌

益处

· 增加肌肉力量和持久力

有下列问题时不建议做此项练习

· 膝部问题

栏架－双脚跳－纵向－无反向

1. 运动姿站立，面向栏架，双臂微屈收于髋部两侧，双脚分开，距离约与肩同宽，背部挺直，腹部收紧。
2. 双臂快速向上摆起，以手臂带动身体快速伸髋伸膝，双脚蹬离地面，向前跳过栏架。
3. 落地时，屈髋屈膝缓冲的同时双臂下摆至髋部两侧，呈运动姿站立，保持1~2秒。重复以上步骤至规定次数。

起跳前俯身降低重心且背部挺直，臀部收紧。

在运动过程中保持收紧核心。

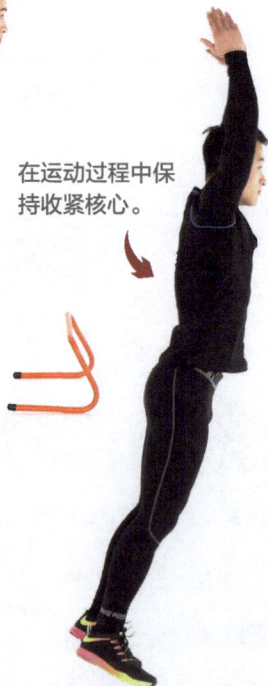

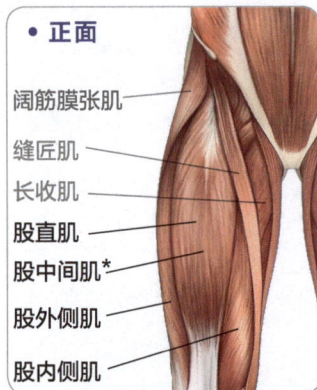

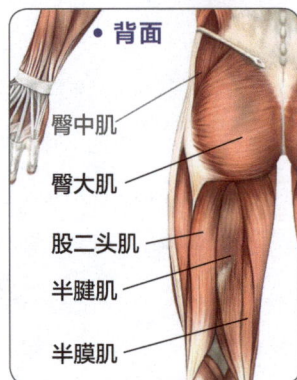

• 正面

阔筋膜张肌
缝匠肌
长收肌
股直肌
股中间肌*
股外侧肌
股内侧肌

• 背面

臀中肌
臀大肌
股二头肌
半腱肌
半膜肌

聚焦篮球

1. 此练习可以有效增强下肢的力量和爆发力，提高弹跳能力，帮助球员在拼抢篮球板球和防守对手上篮或投球时有更好的运动表现。
2. 下肢爆发力的提升，不仅可以改善球员在球场上的快速反应能力，还可以提升奔跑速度，以轻松建立进攻和防守优势。

避免

1. 跳起后落地时太用力。
2. 为了保持快速运动而忽视动作姿势的细节。

目标锻炼肌群

半腱肌
半膜肌
股二头肌
臀大肌
股中间肌
股外侧肌
股内侧肌
股直肌
腓肠肌

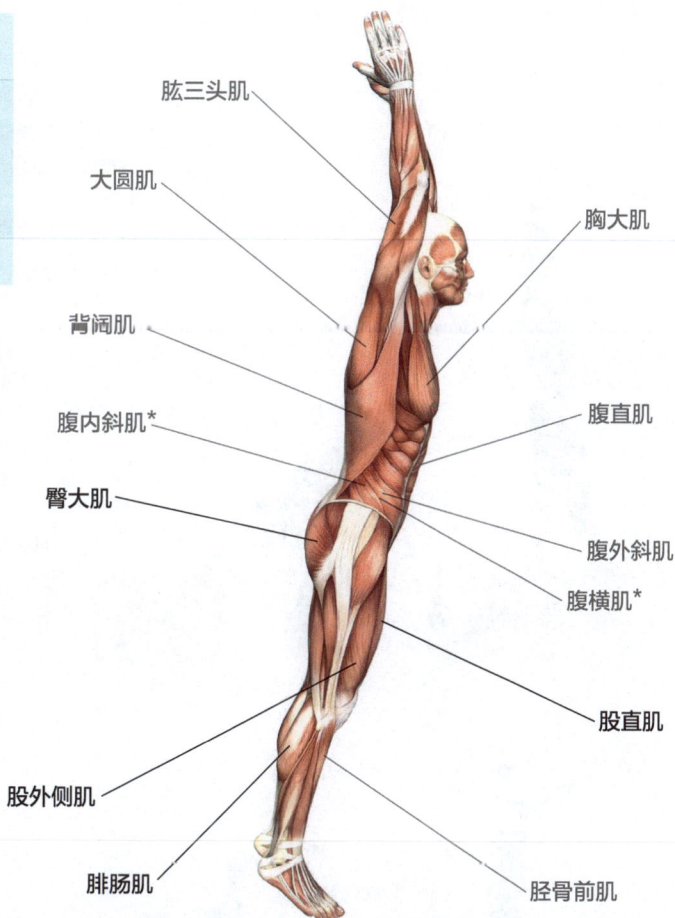

肱三头肌

大圆肌

背阔肌

腹内斜肌*

臀大肌

股外侧肌

腓肠肌

胸大肌

腹直肌

腹外斜肌

腹横肌*

股直肌

胫骨前肌

益处	有下列问题时不建议做此项练习
·增强身体的力量和爆发力	·膝部问题

跳箱 - 跳深接球

1. 单腿直立姿站在跳箱上，双臂伸直上举。
2. 非支撑腿向前迈出，自然下落，屈髋屈膝缓冲的同时双臂快速下摆至髋部两侧。
3. 落地瞬间双臂快速向上摆起，带动身体快速伸髋伸膝，双脚蹬离地面，纵向起跳，接住同伴抛过来的球。
4. 屈髋屈膝落地缓冲后恢复到直立姿站立。
5. 重复以上动作至规定次数。

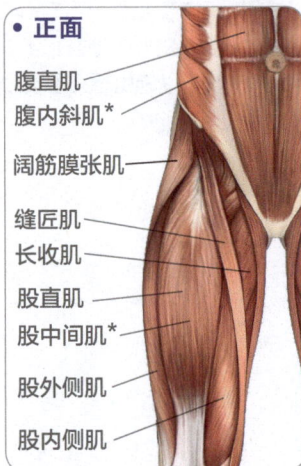

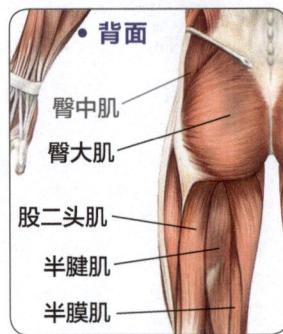

• **正面**

腹直肌
腹内斜肌*
阔筋膜张肌
缝匠肌
长收肌
股直肌
股中间肌*
股外侧肌
股内侧肌

• **背面**

臀中肌
臀大肌
股二头肌
半腱肌
半膜肌

身体直立，背部挺直。

在运动过程中，收紧核心肌群。

向上垂直跳起接球。

聚焦篮球

1. 跳深接球不仅模拟了接高传球的动作，还模拟了跳投或者跳起阻挡对手投篮时的跳跃动作，同时还可以提高球员在跳跃时的反应能力。
2. 模拟跳跃时，应根据球员的身体素质水平选取合适的跳箱，不要选择太高的跳箱，以免对球员的膝关节造成过大的压力。

避免

1. 跳起后落地时太用力。
2. 运动过程中弓背。

目标锻炼肌群

臀大肌
股二头肌
半腱肌
半膜肌
腓肠肌

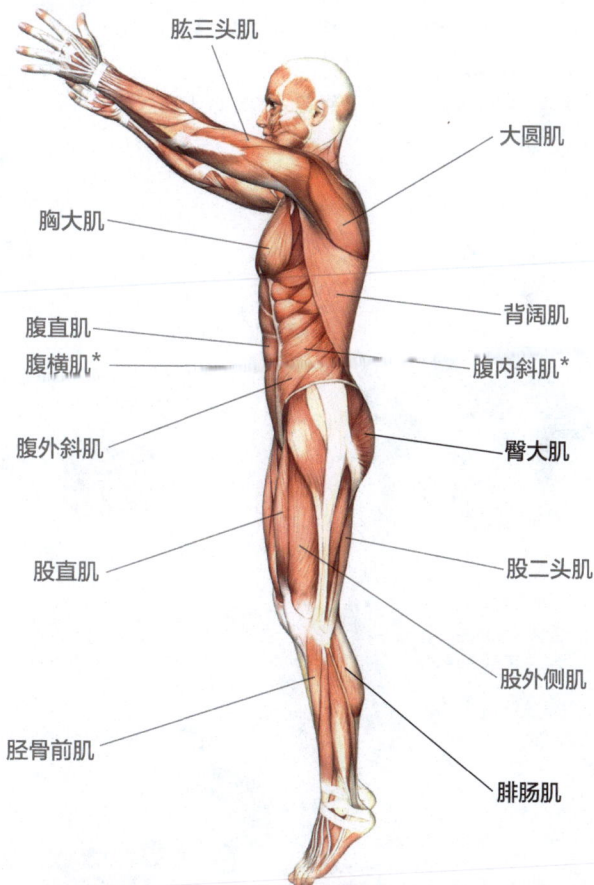

肱三头肌

大圆肌

胸大肌

腹直肌

腹横肌*

腹内斜肌*

背阔肌

腹外斜肌

臀大肌

股直肌

股二头肌

股外侧肌

胫骨前肌

腓肠肌

益处

- 提高身体的协调性、核心旋转能力以及上半身的活动能力

有下列问题时不建议做此项练习

- 膝部问题

跳箱 - 连续跳箱

1. 直立站姿，身前纵向放置一定数量的跳箱，跳箱之间间隔适当的距离。先屈髋屈膝，双臂后摆做跳跃准备姿势；接着双腿蹬地发力，同时双臂向上快速摆动，跳上第一个跳箱。然后顺势跳下跳箱。
2. 双脚向前跳下第一个跳箱后，再次快速起跳，跳上第二个跳箱。
3. 重复跳跃动作跳向第三个跳箱。重复以上动作至规定次数。

背部挺直。

落地时，屈膝屈髋，进行缓冲。

全程收紧核心肌群，不要放松。

• **正面**

腹直肌
腹内斜肌*
阔筋膜张肌
缝匠肌
长收肌
股直肌
股中间肌*
股外侧肌
股内侧肌

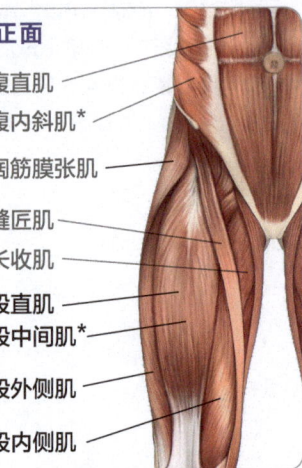

• **背面**

臀中肌
臀大肌
股二头肌
半腱肌
半膜肌

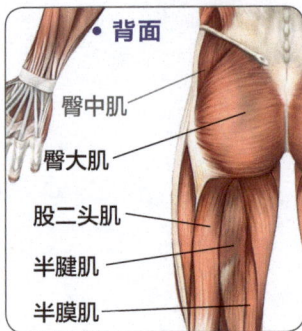

聚焦篮球

1. 连续跳箱模拟了连续起跳抢篮板球以及连续跳起阻挡对手投篮时的跳跃动作，同时连续式的跳跃不仅可以强化腿部肌肉以增强弹跳能力，还可以提高跳跃落地后的快速反应能力。
2. 模拟跳跃时，应根据球员的身体素质水平选取合适的跳箱。不要选择太高的跳箱，以免对球员的膝关节造成过大的压力。

避免

1. 跳起后落地时太用力。
2. 运动过程中弓背。

目标锻炼肌群

股二头肌
半腱肌
半膜肌
股中间肌
股外侧肌
股内侧肌
股直肌
臀大肌
腓肠肌

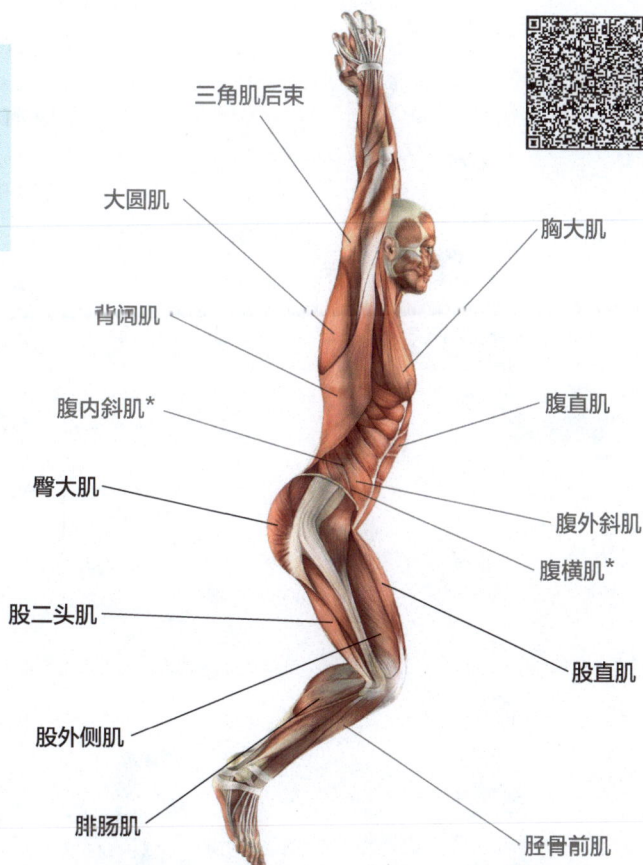

三角肌后束
大圆肌
背阔肌
腹内斜肌*
臀大肌
股二头肌
股外侧肌
腓肠肌

胸大肌
腹直肌
腹外斜肌
腹横肌*
股直肌
胫骨前肌

益处	有下列问题时不建议做此项练习
• 增强身体的力量和爆发力	• 膝部问题

弓步跳 – 对角线

1. 身体向在转体，左腿向左前方迈步成弓步姿，左腿屈膝至大腿与地面平行，后腿屈膝，双臂自然垂于身体两侧。
2. 两腿蹬伸向右转身跳起。
3. 跳起后转身向后呈低分腿姿落地。反向重复以上步骤，完成规定次数。

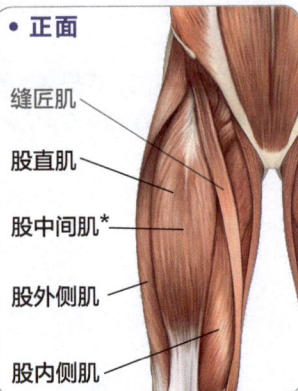

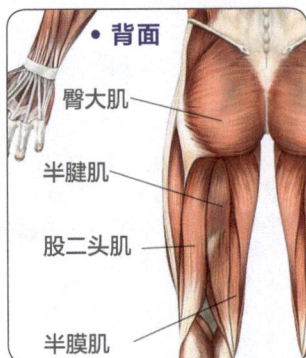

• 正面

缝匠肌
股直肌
股中间肌*
股外侧肌
股内侧肌

弓步时，膝关节不要超过脚尖。

• 背面

臀大肌
半腱肌
股二头肌
半膜肌

跳跃时，躯干及四肢充分伸展。

聚焦篮球

1. 此练习模拟了抢篮板球后快速反应和展开快攻的情形，加强此练习不仅可以帮助球员快速调整攻防转换的模式，还可以在必要时建立快速进攻的节奏。
2. 此练习中的蹬地动作可以改善球员的快速启动能力，以在速度上建立优势。

避免

1. 运动过程中低头、弓背。
2. 膝关节超过脚尖。

目标锻炼肌群

股直肌
股外侧肌
股中间肌
股内侧肌

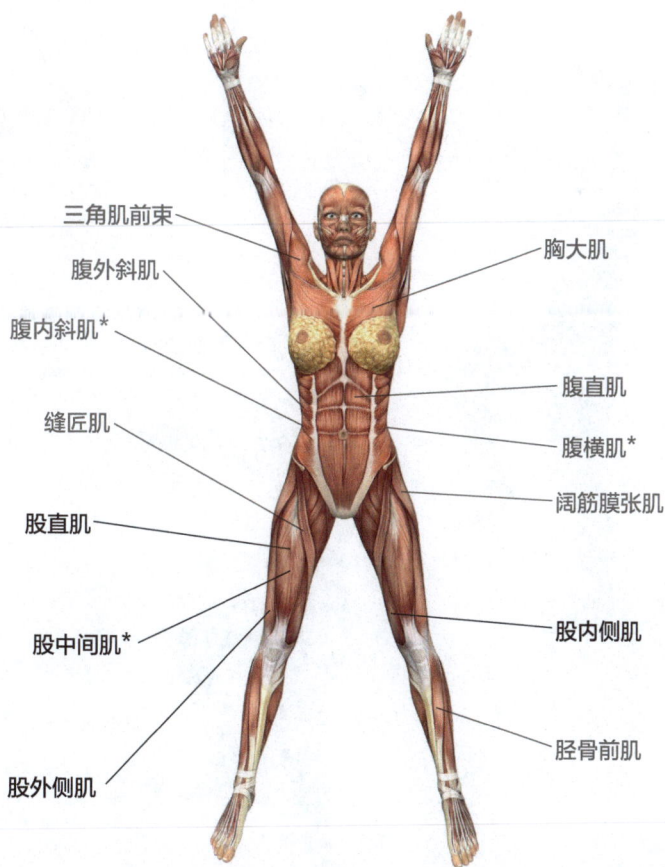

三角肌前束
腹外斜肌
腹内斜肌*
缝匠肌
股直肌
股中间肌*
股外侧肌

胸大肌
腹直肌
腹横肌*
阔筋膜张肌
股内侧肌
胫骨前肌

益处	有下列问题时不建议做此项练习
• 强化骨盆、躯干和膝关节	• 膝部问题 • 脚踝问题

药球 – 单腿军步 – 胸前抛球

1. 单腿军步姿，双手持药球于胸前。
2. 尽可能用最大力量快速向前直线抛出药球。
3. 回到起始姿势，重复规定次数。

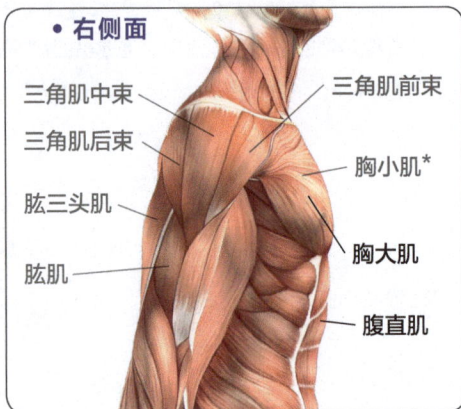

• 右侧面

三角肌中束
三角肌后束
肱三头肌
肱肌

三角肌前束
胸小肌*
胸大肌
腹直肌

抛球时注意控制身体
的稳定性。

保持腹部收紧，
背部挺直。

聚焦篮球

1. 此练习可以强化快速探步和爆发性的胸前传球的能力。更快、更有力的传球，会帮助球员抓住正确的传球时机，并避免试图拦截传球的防守者。
2. 通过这个训练还可以提高变向和假动作的技术，使球员更轻松地切入并冲到篮筐下。

避免

1. 运动过程中低头、弓背。
2. 无法保持身体稳定。

斜方肌

大圆肌

背阔肌

腹内斜肌*

臀大肌

股外侧肌

三角肌中束

腹直肌

腹外斜肌

腹横肌*

股内侧肌

腓肠肌

胫骨前肌

目标锻炼肌群

胸大肌
腹直肌

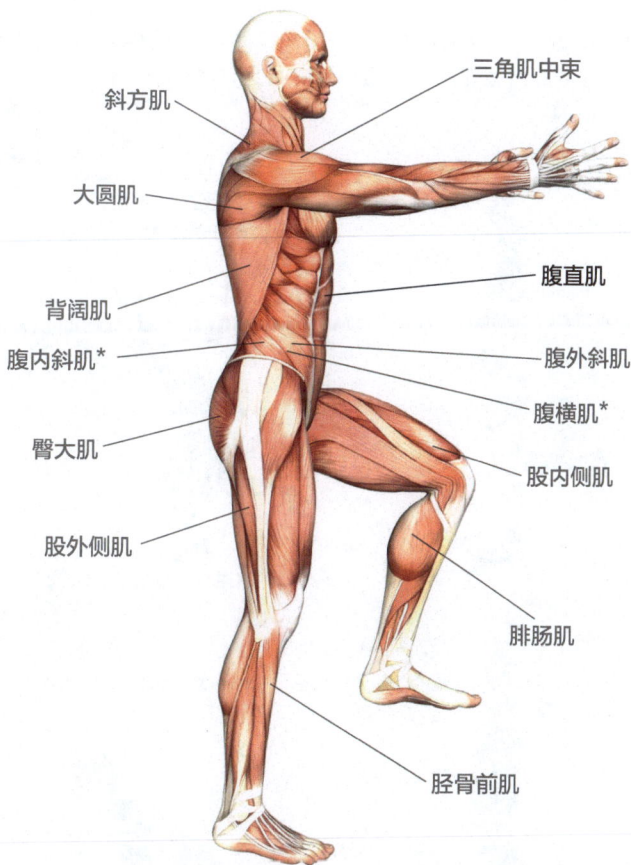

益处	有下列问题时不建议做此项练习
• 强化核心肌群	• 膝部问题
• 提高身体稳定性	• 手臂问题

栏架 – 单脚跳 – 纵向 – 有反向

1. 单腿直立站姿，面向栏架，另一侧腿抬离地面，双臂伸直举过头顶，保持掌心相对，背部挺直，腹部收紧。
2. 双臂向下快速摆动至髋部两侧后快速向上摆起。
3. 以手臂带动身体快速伸髋伸膝，支撑腿蹬离地面，向前跳过栏架。
4. 落地时，支撑腿着地，在屈髋屈膝落地缓冲的同时双臂下摆至髋部两侧，呈同侧单脚运动姿站立，保持1~2秒。

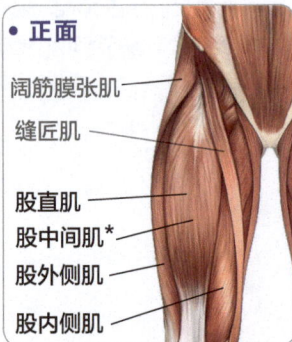

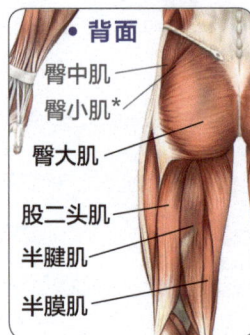

• 正面

阔筋膜张肌
缝匠肌
股直肌
股中间肌*
股外侧肌
股内侧肌

起跳时俯身放低重心且背部挺直，臀部收紧。

• 背面

臀中肌
臀小肌*
臀大肌
股二头肌
半腱肌
半膜肌

在运动过程中核心肌群处于收紧状态。

聚焦篮球

爆发式的单脚跳在篮球运动中不可或缺。单脚跨栏跳能够提高快速从地面跳起的能力，从而帮助球员提高对于带球上篮或跳起抢篮板球都至关重要的弹跳能力。如果没有栏架，可做没有栏架但尽可能跳得高的变式动作进行训练。

避免

1. 跳起后落地时太用力。
2. 为了保持快速运动而忽视动作姿势的细节。

目标锻炼肌群

臀大肌
股中间肌
股外侧肌
股内侧肌
股直肌
股二头肌
半腱肌
半膜肌
腓肠肌

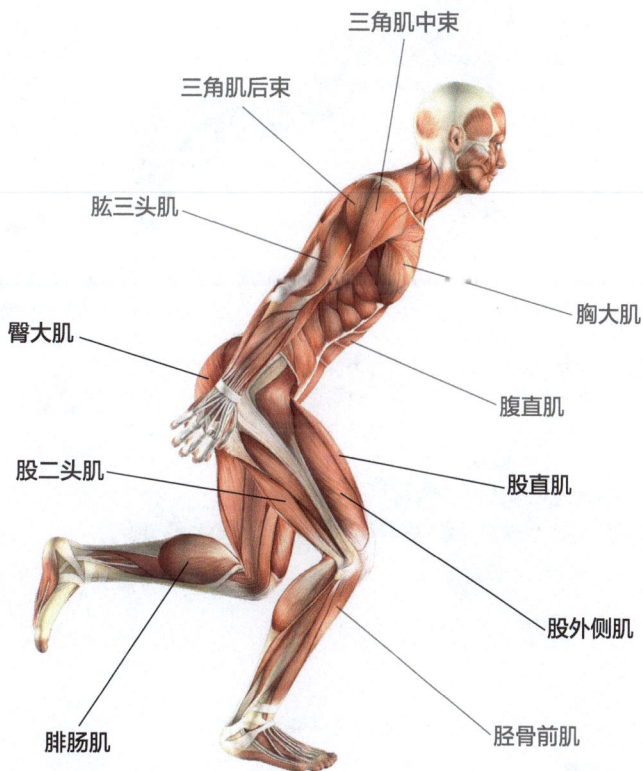

三角肌中束

三角肌后束

肱三头肌

胸大肌

臀大肌

腹直肌

股二头肌

股直肌

股外侧肌

腓肠肌

胫骨前肌

益处

- 增强身体力量和爆发力
- 预防膝关节损伤

有下列问题时不建议做此项练习

- 膝部问题

药球 – 单球俯卧撑

1. 双手撑在一个药球上，呈俯卧撑姿势。
2. 弯曲双肘，使身体降低靠近药球。
3. 然后向上推起身体。重复规定次数。

● **正面**　　　胸大肌

胸小肌*

三角肌前束

肱二头肌

面部朝下。
颈部保持
伸长、放
松的状态。

● **背面**　　　冈上肌*

三角肌后束

冈下肌

肱三头肌

收紧腹部和臀部，保
持身体稳定。

身体始终保持在一条直线上。

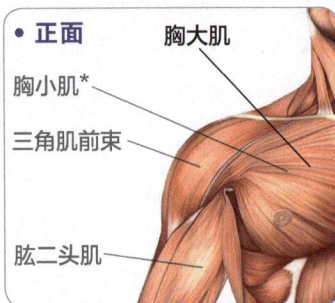

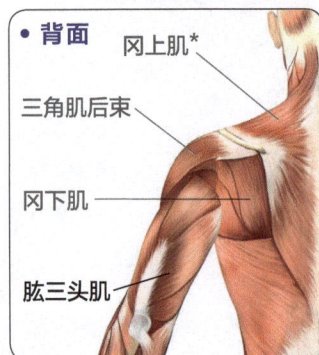

聚焦篮球

1. 此练习主要用于锻炼上半身肌肉，可以有效增强其力量和爆发力，这不仅有助于提升传接球的力量和速度，还可以增强在拼抢篮板球或争抢未被控制的球时身体的对抗能力。
2. 此练习还可以增强核心稳定性，强化上肢动力链对力量和能量的传递效率，以整体提升球员的运动表现。

避免

1. 运动过程中耸肩。
2. 身体下沉时腰部放松塌陷。

目标锻炼肌群

胸大肌
肱三头肌
腹直肌

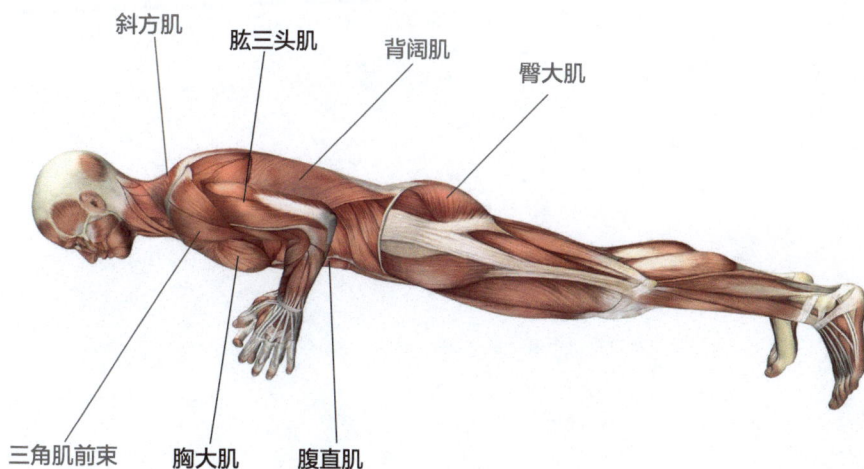

斜方肌　肱三头肌　背阔肌　臀大肌

三角肌前束　胸大肌　腹直肌

益处

- 增强核心稳定性
- 强化肩部、背部、臀部以及胸部

有下列问题时不建议做此项练习

- 肩部问题
- 手臂问题

第 7 章

恢复性训练

侧向伸展

1. 直立站姿，双脚分开，距离比肩宽，双手自然垂于身体两侧。
2. 躯干不动，右臂伸直举过头顶。
3. 右臂继续向身体左侧倾斜至目标肌肉有中等程度的牵拉感。保持静态拉伸动作至规定时间。

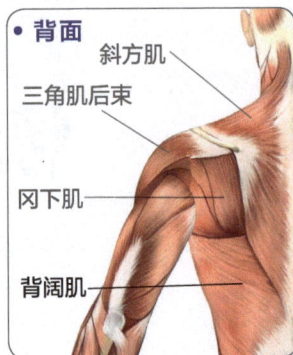

● **背面**

斜方肌

三角肌后束

冈下肌

背阔肌

手臂尽量向高处伸展，动作要轻柔。

视角 转换

聚焦篮球

此练习可以有效拉伸背阔肌和两侧躯干屈肌，改善脊柱的灵活性，从而有助于提高球员变向过人和转身过人的能力。

避免

1. 运动过程中腿部移动。
2. 手臂伸展过度，身体过度倾斜。

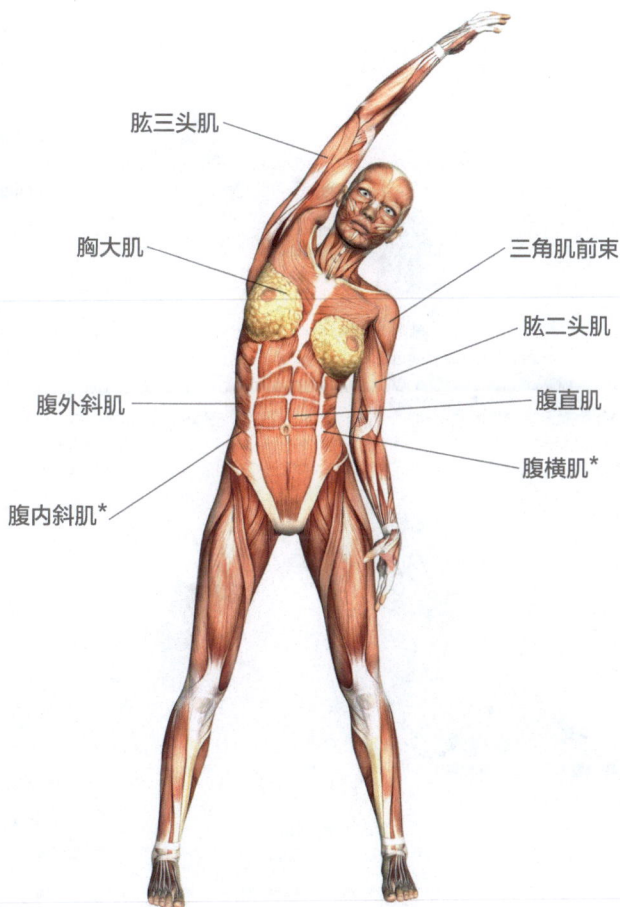

肱三头肌

胸大肌

腹外斜肌

腹内斜肌*

三角肌前束

肱二头肌

腹直肌

腹横肌*

目标锻炼肌群

背阔肌

益处

- 增加肩部和背部的柔韧性
- 改善脊柱的灵活性

有下列问题时不建议做此项练习

- 肩部问题
- 手臂问题

动态猫式

1. 跪姿，双手与双膝支撑地面，脚背平放在地面上。
2. 收紧腹部的同时含胸低头，吸气使背部拱起至目标肌肉有中等程度的牵拉感。
3. 呼气回到起始姿势，重复以上步骤，完成规定次数。

• 背面

斜方肌
三角肌后束
小圆肌
菱形肌*
竖脊肌*
背阔肌
多裂肌*

双手和膝关节向下推，使肌肉达到最大的收缩状态。

身体缓缓放松，回到起始姿势。

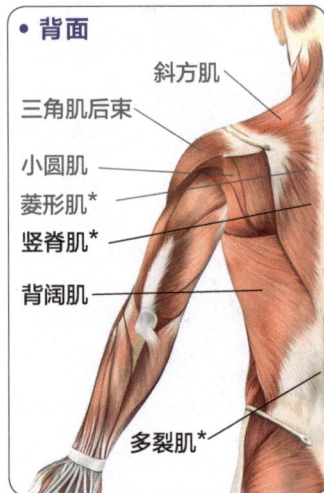

聚焦篮球

此练习可以有效拉伸菱形肌、背阔肌等背部肌肉，增加背部和肩部的柔韧性，改善脊柱的灵活性，从而有助于提高球员灵活变向和投篮的能力。

避免

1. 拉伸过程中颈部和肩部过紧。
2. 下背部和双臂过度伸展。
3. 屏住呼吸。

目标锻炼肌群

背阔肌
竖脊肌
多裂肌
腹直肌

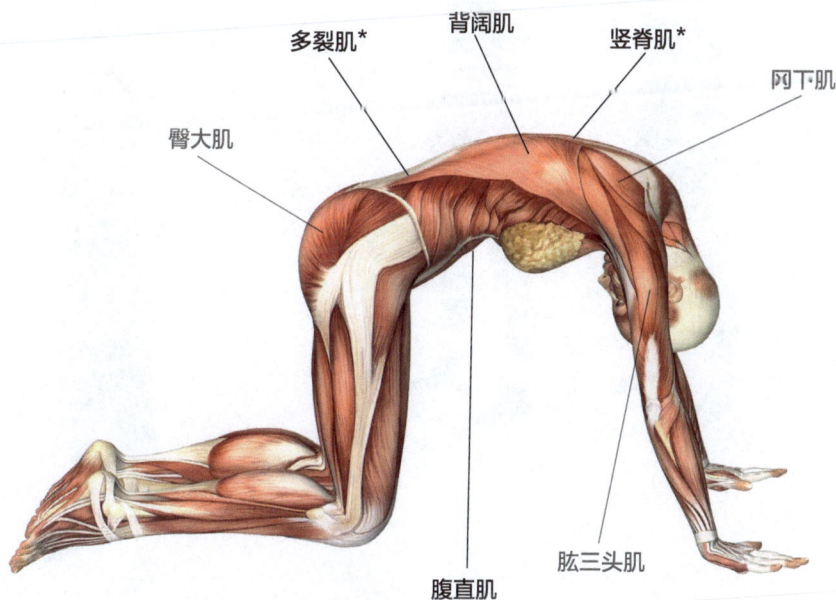

多裂肌*　　背阔肌　　竖脊肌*

冈下肌

臀大肌

腹直肌

肱三头肌

益处

- 放松肩部和背部
- 改善脊柱灵活性

有下列问题时不建议做此项练习

- 背部问题
- 髋部问题

胸部扩张

1. 直立站姿，双脚分开，距离约与肩同宽，双手垂于身体两侧，面朝前方。
2. 双臂屈肘侧举，双手放在耳朵后方。
3. 肘部向后移动至目标肌肉有中等程度的牵拉感。保持静态拉伸动作至规定时间。

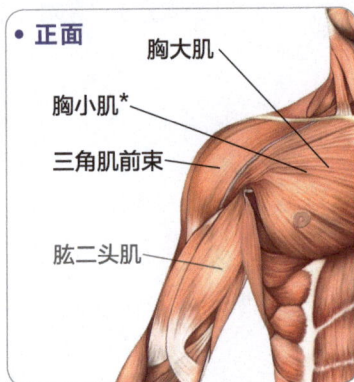

正面

胸大肌

胸小肌*

三角肌前束

肱二头肌

背部挺直，双眼注视前方。

肘部尽量向后伸展。

视角 转换

聚焦篮球

此拉伸动作可以有效放松胸部和肩部的肌肉，增加肩关节与胸椎的灵活性，强化投篮的出手动作，并有效预防运动损伤。

避免

1. 运动过程中颈部前伸、弓背。
2. 肩部过度伸展。
3. 拉伸过程中肩部耸动。

胸大肌

肱三头肌

背阔肌

腹横肌*

腹直肌

目标锻炼肌群

胸大肌
胸小肌
三角肌前束

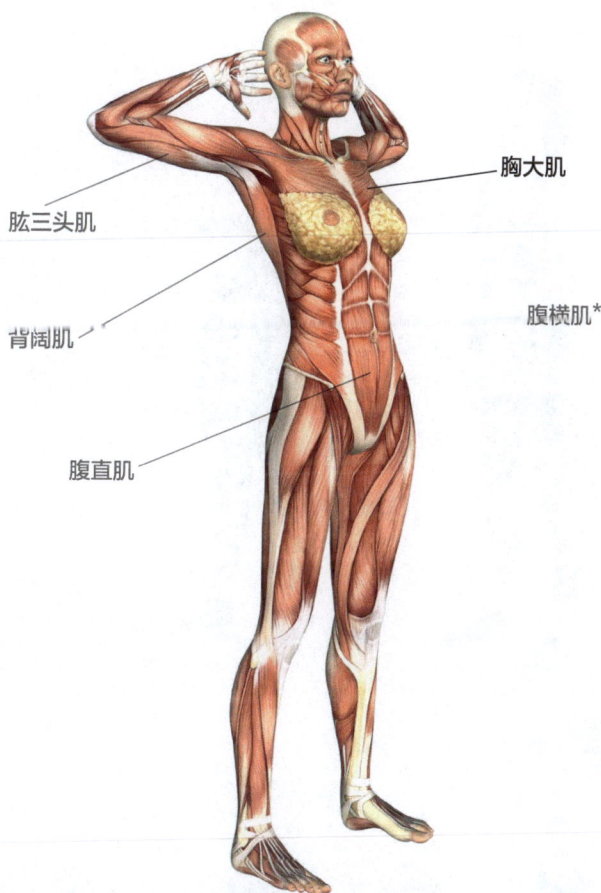

益处

· 放松胸部和肩部肌肉

有下列问题时不建议做此项练习

· 肩部问题

手臂交叉拉伸

1. 直立站姿，双脚分开，距离约与肩同宽，双手自然垂于身体两侧。
2. 右臂伸直在胸前与肩同高，同时左臂弯曲用前臂钩住右前臂并拉向身体至目标肌肉有中等程度的牵拉感。保持静态拉伸动作至规定时间。
3. 恢复至起始姿势，对侧亦然。

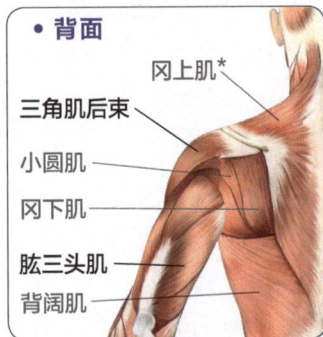

● 背面

冈上肌*

三角肌后束

小圆肌

冈下肌

肱三头肌

背阔肌

右臂肘部保持伸直状态。

左臂肘部弯曲，起到辅助右臂的作用。

视角 转换

聚焦篮球

肩部的稳定性和灵活性是决定能否准确投篮的关键，此练习可以通过拉伸增强肩部和背部的柔韧性，从而有助于增加球员在投篮和防守时肩部的活动范围。

避免

1. 拉伸过程中颈部前伸、弓背。
2. 拉伸的手臂放松，肘部弯曲。
3. 下肢不稳定。

目标锻炼肌群

肱三头肌
三角肌后束

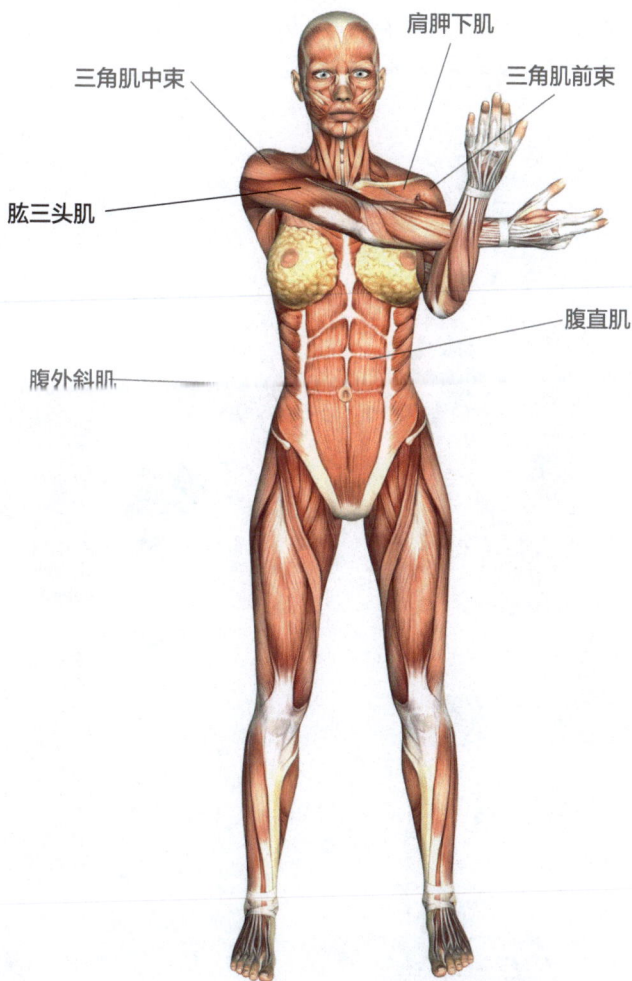

肩胛下肌

三角肌中束

三角肌前束

肱三头肌

腹直肌

腹外斜肌

益处
- 放松肩部肌肉，预防肩关节损伤

有下列问题时不建议做此项练习
- 肩部问题

弹力带－坐姿－单侧踝背屈

1. 坐姿，小腿悬垂，膝关节屈曲。将弹力带中段固定在单侧前脚掌上，两端固定在身体下方的固定物体底部。
2. 单侧踝背屈，做勾脚尖动作。
3. 回到起始姿势，重复规定次数。对侧亦然。

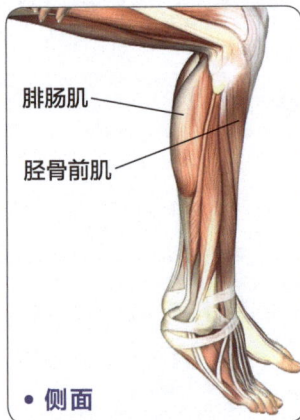

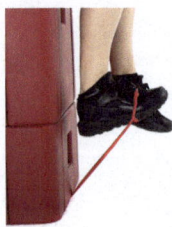

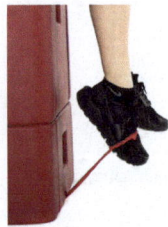

腓肠肌

胫骨前肌

● 侧面

始终保持背部挺直。

脚尖上提的同时小腿肌肉收紧发力。

聚焦篮球

篮球运动中最常见的运动损伤之一是踝关节损伤，其经常发生在抢篮板球后落地的瞬间。增强脚踝部位的肌肉力量和关节稳定性成为预防踝关节损伤的重要措施。此练习可以有效强化踝关节周围组织，增强肌肉力量，提升球员起跳后落地的稳定性，从而有效预防踝关节损伤。

避免

1. 运动过程中上半身晃动或移动。
2. 完成动作速度过快。

目标锻炼肌群

腓肠肌
胫骨前肌
胫骨后肌

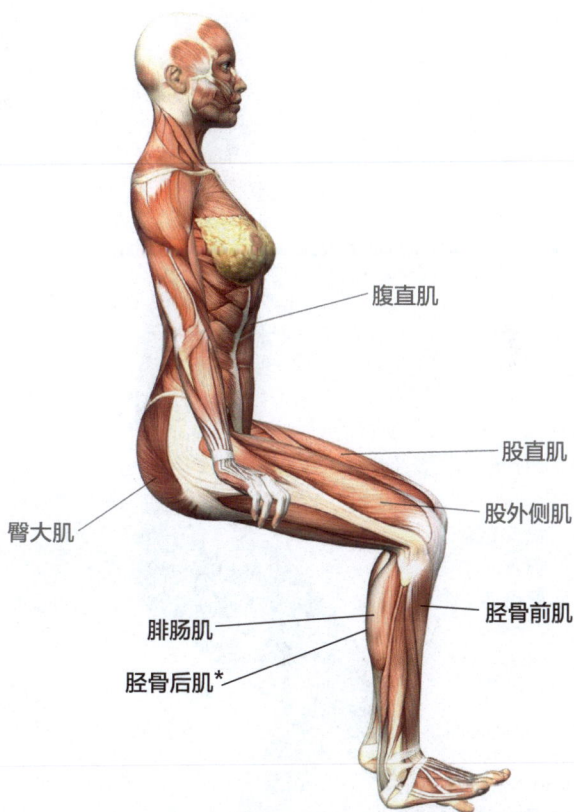

腹直肌

股直肌

股外侧肌

臀大肌

腓肠肌

胫骨前肌

胫骨后肌*

益处

· 有效增强腿部力量
· 预防踝关节损伤

有下列问题时不建议做此项练习

· 腿部问题
· 脚踝问题

弹力带－半蹲位－单腿静力

将弹力带中段绕过腰部，然后将两端固定在身体前面的固定物体上。直立站姿，双手放于腰部，抬起右腿，左腿半蹲支撑，稳定站立规定时间。回到起始姿势，对侧亦然。

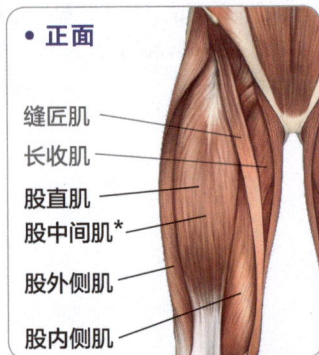

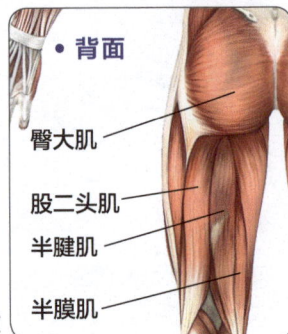

• **正面**

缝匠肌
长收肌
股直肌
股中间肌*
股外侧肌
股内侧肌

• **背面**

臀大肌
股二头肌
半腱肌
半膜肌

肩部和颈部放松。

整个运动过程中保持背部挺直、身体稳定。

抬起的腿伸直且放松，控制好身体平衡。

聚焦篮球

1. 单腿平衡是篮球运动所需的一项重要能力。在跑动期间一条腿接触地面，以及在单侧跳跃（带球上篮）并着地时，这项能力都很重要。
2. 在急转向以避开对手时，踝关节的稳定性对保持站位和应对任何未预见的阻碍至关重要。许多球员在抢篮板球后踩在对手脚上时会导致踝关节受伤。在不稳定的表面保持稳定的能力可帮助球员应对和避免受伤。

避免

1. 身体晃动。
2. 非支撑腿抬起过高。

目标锻炼肌群

臀大肌
股中间肌
股外侧肌
股内侧肌
股直肌
半腱肌
半膜肌
股二头肌

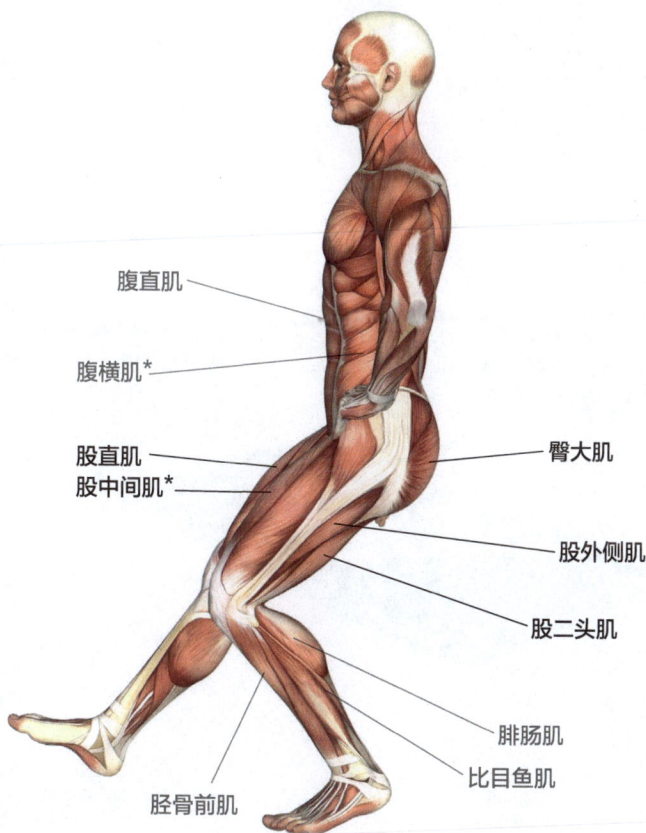

腹直肌
腹横肌*
股直肌
股中间肌*

臀大肌
股外侧肌
股二头肌
腓肠肌
比目鱼肌
胫骨前肌

益处

- 强化股四头肌和臀部肌肉
- 提高踝关节的稳定性

有下列问题时不建议做此项练习

- 脚踝问题
- 膝部问题

BOSU 球 – 站姿 – 双脚稳定支撑

双脚站在BOSU球曲面上，双手放在腰部，微屈膝，
保持稳定。保持动作至规定时间。

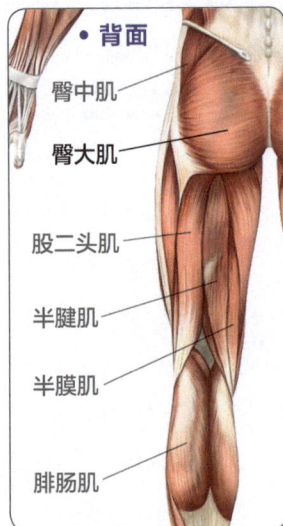

• **背面**

臀中肌

臀大肌

股二头肌

半腱肌

半膜肌

腓肠肌

颈部放松，背部
挺直。

双脚站在 BOSU 球
中间，缓慢降低身体
重心至微蹲位置。

将全身的重
量均匀分散
在双腿上。

视角 转换

聚焦篮球

1. 在微蹲姿势下保持平衡是一种功能性动作。此练习可以模拟罚球的开始姿势和跳起后的落地姿势，以强化踝关节和膝关节的稳定性，增强股四头肌的力量，从而使球员在需要改变方向或跑向篮筐时更具爆发性。
2. 此练习作为强化踝关节和膝关节的训练动作，可以起到预防损伤的作用。

避免

1. 运动过程中耸肩、弓背。
2. 身体过度晃动。

目标锻炼肌群

股直肌
股中间肌
股外侧肌
股内侧肌
腹直肌
臀大肌

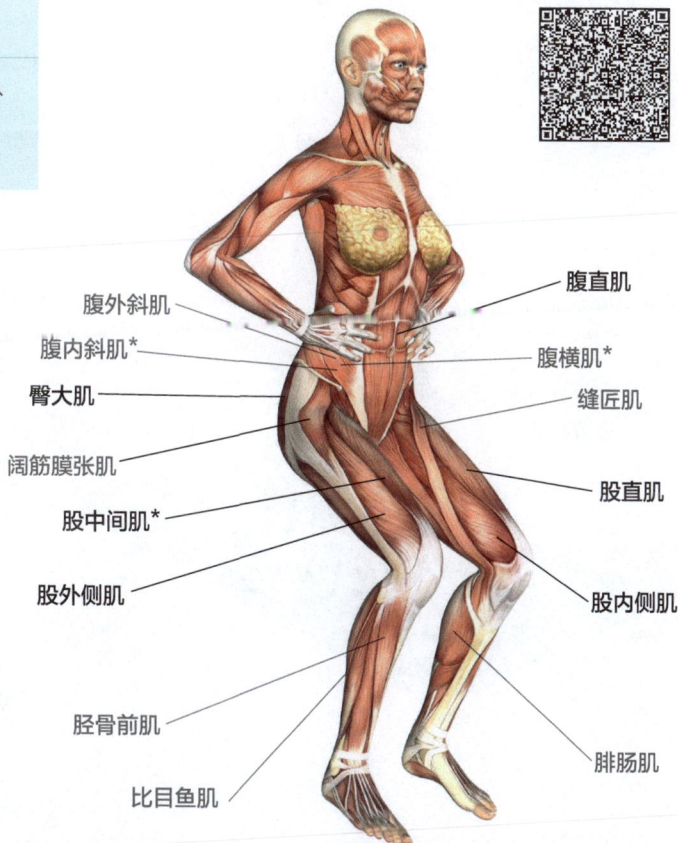

腹外斜肌
腹内斜肌*
臀大肌
阔筋膜张肌
股中间肌*
股外侧肌
胫骨前肌
比目鱼肌

腹直肌
腹横肌*
缝匠肌
股直肌
股内侧肌
腓肠肌

益处

- 强化股四头肌和臀部肌肉
- 训练将身体的重量合理分配到双腿上

有下列问题时不建议做此项练习

- 膝部问题
- 脚踝问题

BOSU 球 – 站姿 – 单脚不稳定支撑

单脚站在BOSU球平面上，双手放在腰部，微屈膝，保持稳定。保持动作至规定时间。对侧亦然。

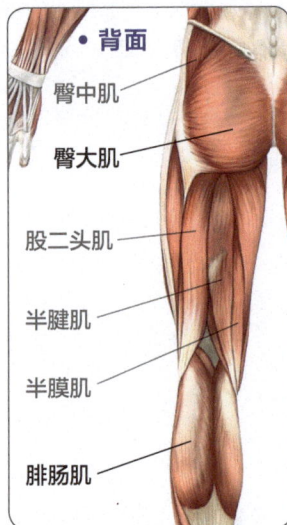

• 背面

臀中肌
臀大肌
股二头肌
半腱肌
半膜肌
腓肠肌

上半身为了保持平衡可稍微前倾，并保持背部挺直。

非支撑腿不宜抬得过高。

视角 转换

聚焦篮球

1. 在微蹲姿势下保持平衡是一种功能性动作。此练习是 BOSU 球双脚稳定支撑的进阶动作，可以模拟跳起后的单脚落地姿势。同时，单脚站立的能力可加强股四头肌的力量，帮助锻炼膝关节和踝关节的稳定性。
2. 此练习作为强化踝关节和膝关节的训练动作，可以起到预防损伤的作用。

避免

1. 运动过程中耸肩、弓背。
2. 身体过度晃动。
3. 非支撑腿抬起过高。

目标锻炼肌群

股直肌
股中间肌
股外侧肌
股内侧肌
腓肠肌
腹直肌
臀大肌

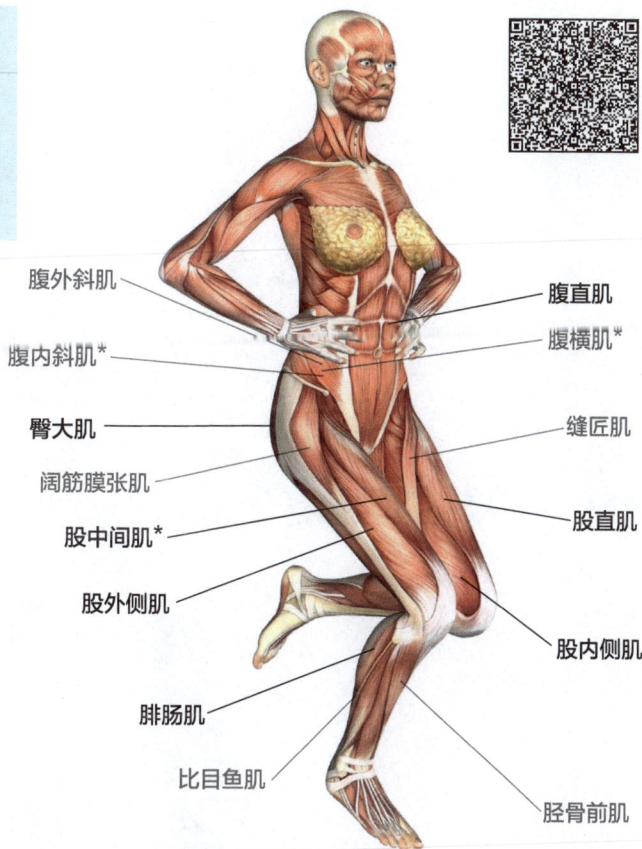

腹外斜肌
腹内斜肌*
臀大肌
阔筋膜张肌
股中间肌*
股外侧肌
腓肠肌
比目鱼肌

腹直肌
腹横肌*
缝匠肌
股直肌
股内侧肌
胫骨前肌

益处

• 强化股四头肌和臀部肌肉
• 提高膝关节和踝关节的稳定性

有下列问题时不建议做此项练习

• 膝部问题
• 脚踝问题

半轴－稳定－纵向走

1. 站在半轴曲面的一端，双手放于腰部，保持身体平衡。
2. 小步且有控制地走到半轴的另一端。重复规定次数。

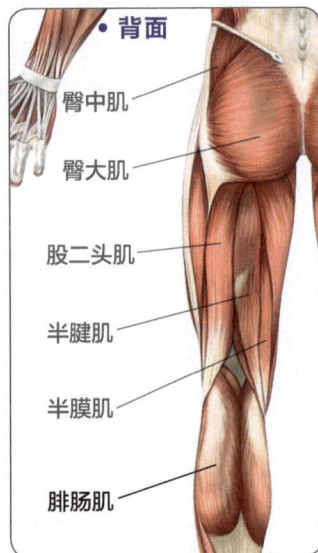

• **背面**

臀中肌

臀大肌

股二头肌

半腱肌

半膜肌

腓肠肌

始终保持背部挺直。

保持身体稳定。

聚焦篮球

在改变方向或从特定情形中恢复时，要求球员必须在移动中保持身体平衡，比如在跑向篮筐时可能需要快速急转向以避开防守者，这会让球员的重心处于支撑面之外。此练习可以有效提高这种维持动态平衡的能力，以提升球员的整体表现水平。

避免

1. 运动过程中低头、弓背。
2. 完成动作速度过快。

目标锻炼肌群

胫骨前肌
腓肠肌
腹直肌

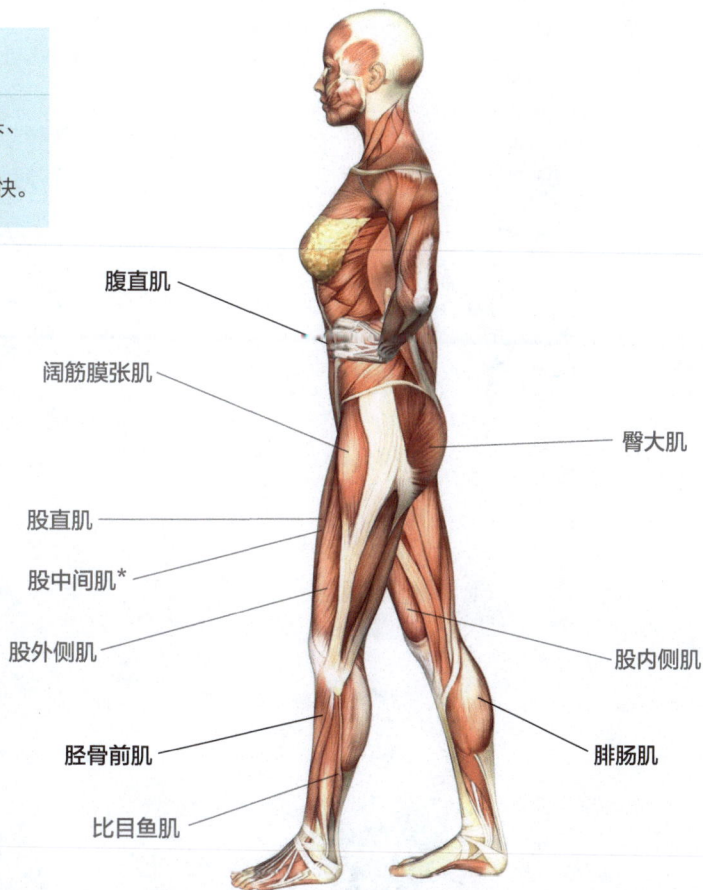

腹直肌

阔筋膜张肌

臀大肌

股直肌

股中间肌*

股外侧肌

股内侧肌

胫骨前肌

腓肠肌

比目鱼肌

益处

- 增强核心稳定性
- 提高踝关节的稳定性

有下列问题时不建议做此项练习

- 膝部问题
- 脚踝问题

弹力带－站姿－单侧髋外展

1. 直立站姿，双脚分开，距离约与肩同宽，双手放于腰部，将弹力带一端绑在右脚踝处，另一端固定在左脚下面。
2. 左腿保持不动，右腿向右侧外展，至最大限度。
3. 回到起始姿势，重复规定次数。对侧亦然。

阔筋膜张肌

耻骨肌

长收肌

短收肌*

股薄肌

• **正面**

• **背面**

臀中肌

臀大肌

闭孔外肌*

大收肌

股二头肌

保持身体直立。

回到起始姿势时，动作要缓慢且有控制。

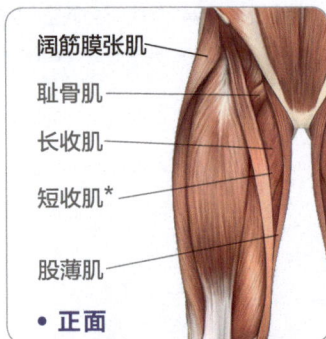

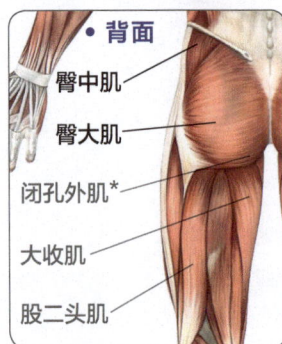

聚焦篮球

单侧本体感受对在跑动等单侧站立运动中保持身体控制至关重要。在跑向篮筐并带球上篮或在移动中投篮时，利用调整双腿来保持身体的稳定对成功投篮有重要的影响，而此练习可以强化髋关节，增强单侧身体感觉，有助于提高球员对身体的控制能力。同时此练习还可以帮助球员提升进攻和防守时的横向移动能力。

避免

1. 运动过程中耸肩、弓背。
2. 躯干朝一侧过度倾斜。
3. 完成动作速度过快。

目标锻炼肌群

臀中肌
臀大肌
阔筋膜张肌

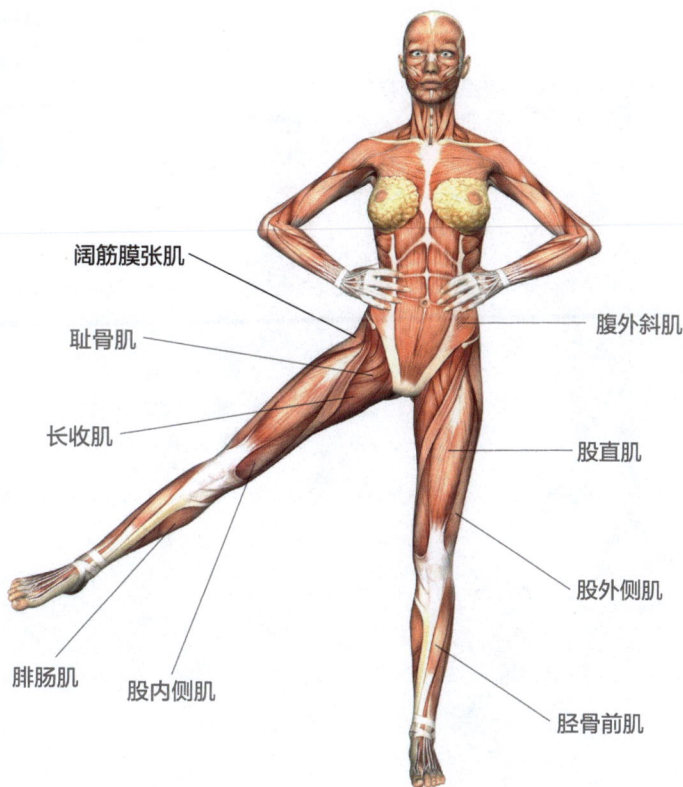

阔筋膜张肌

耻骨肌

长收肌

腓肠肌

股内侧肌

腹外斜肌

股直肌

股外侧肌

胫骨前肌

益处

- 强化髋关节

有下列问题时不建议做此项练习

- 平衡问题
- 髋部问题

徒手蹲－相扑式

1. 直立站姿，双脚分开，距离比肩宽。双脚外展，挺胸直背，腹部收紧，双臂垂于身体前。
2. 屈髋屈膝下蹲至大腿与地面平行，双臂自然下垂。
3. 快速站起，回到起始姿势，完成规定次数。

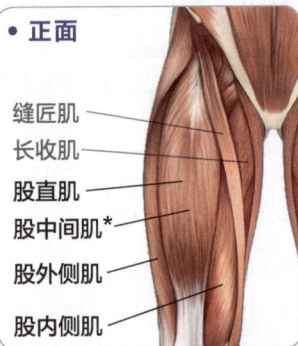

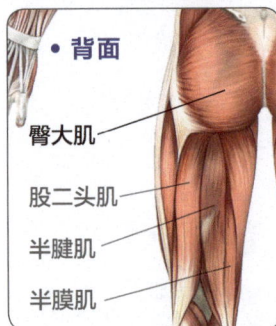

双眼注视前方，背部挺直。

肘部微屈，将双手放于大腿前侧。

下蹲时将胸部抬高，双肩后压。

双手自然下垂，掌心依然向后。

● 正面

缝匠肌
长收肌
股直肌
股中间肌*
股外侧肌
股内侧肌

● 背面

臀大肌
股二头肌
半腱肌
半膜肌

视角 转换

聚焦篮球

与前蹲和后蹲相比，此练习属于基础性深蹲训练动作，其以自身体重作为负重对髋部和腿部进行恢复性训练，是非常好的选择。

避免

1. 耸肩或弓背。
2. 运动过程中出现躯干扭转的现象。

目标锻炼肌群

臀大肌
股直肌
股内侧肌
股外侧肌
股中间肌

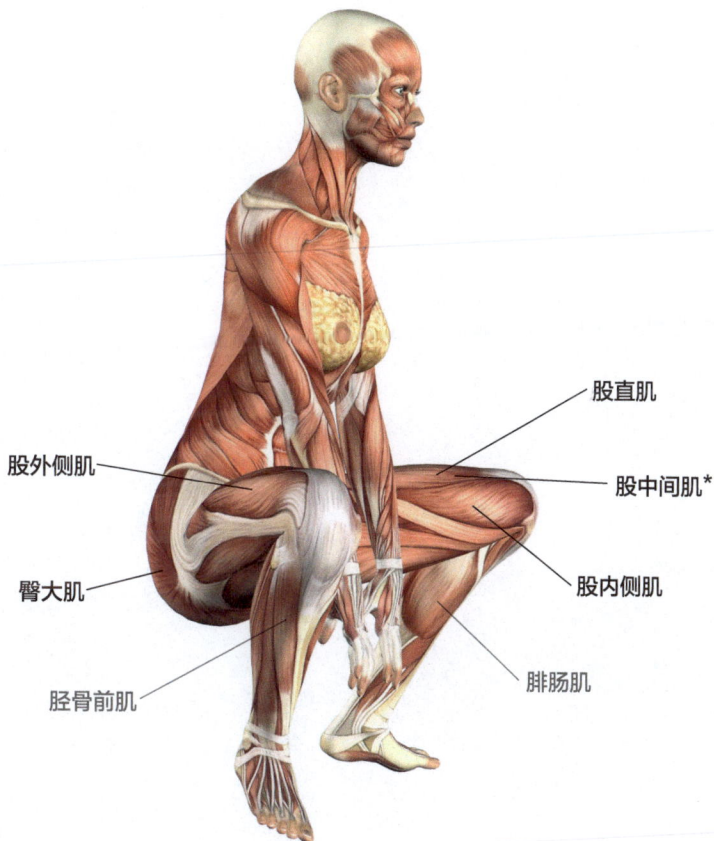

股直肌

股中间肌*

股内侧肌

腓肠肌

股外侧肌

臀大肌

胫骨前肌

益处

· 强化臀部和大腿

有下列问题时不建议做此项练习

· 下背部问题

第 8 章

预防损伤训练

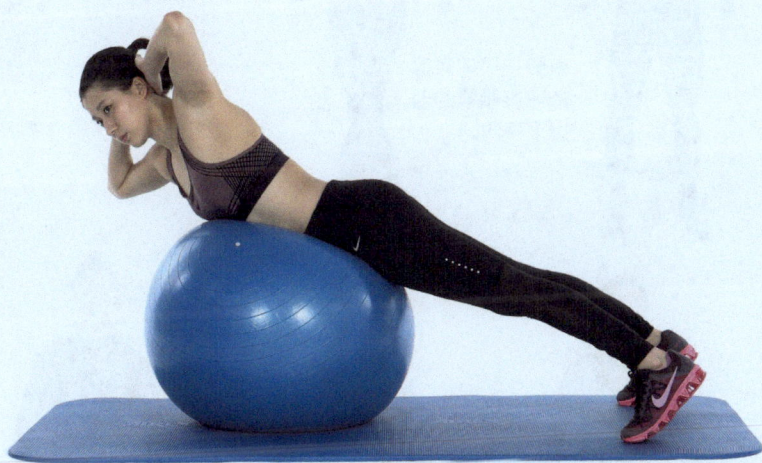

迷你带 – 侧向交叉步

1. 直立站姿，双脚分开，距离约与肩同宽，将迷你带套在脚踝上方，保持其有一定的张力。
2. 右脚向左侧交叉迈步，从左腿前侧越过，落在左脚的左侧。
3. 左脚接着向左侧跟步，回到起始站姿。
4. 右脚向左侧继续交叉迈步，从左腿后侧越过，落在左脚的左侧。
5. 左脚继续向左侧跟步，回到起始站姿。重复以上动作至规定距离。

• **正面**

耻骨肌
缝匠肌
长收肌
股薄肌
股直肌
股外侧肌
股内侧肌

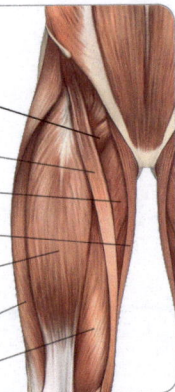

• **背面**

臀大肌
闭孔外肌*
大收肌

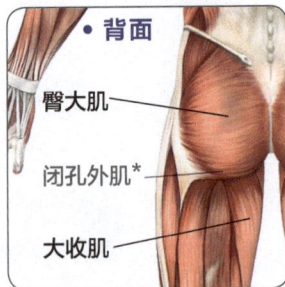

双脚在迷你带保持适度绷紧的前提下移动。

聚焦篮球

1. 此练习可以模拟篮球运动中的防守性交叉步。进行此练习时可保持双臂伸展，就像在防守对手一样。
2. 此练习有助于增强髋部力量。在转身和急转向时，髋部的力量对稳定小腿很重要，尤其是对于女性篮球运动员而言。

避免

1. 躯干向身体一侧倾斜。
2. 运动过程中出现耸肩、躯干扭转的现象。

目标锻炼肌群

臀大肌
大收肌
耻骨肌

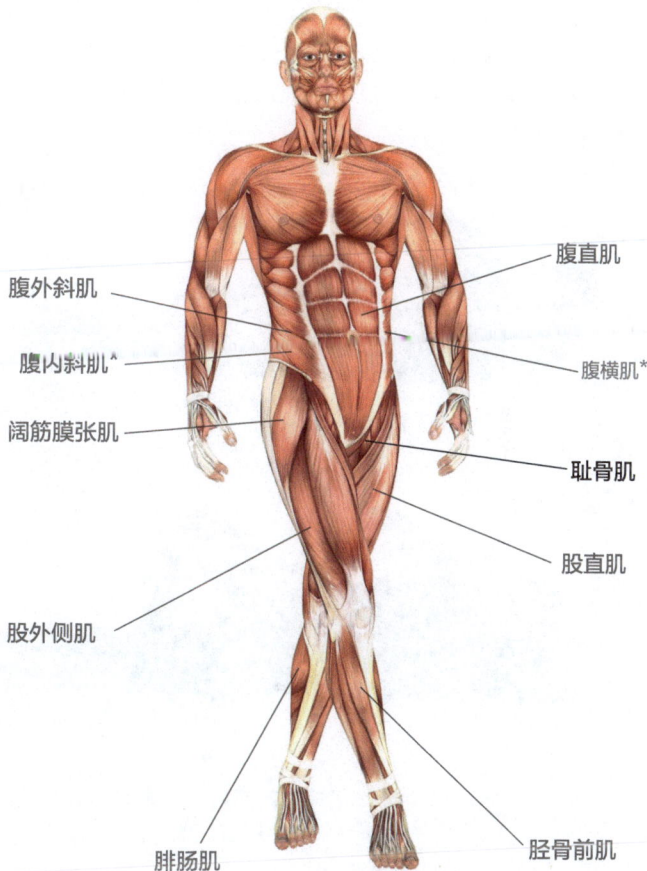

腹外斜肌

腹内斜肌*

阔筋膜张肌

股外侧肌

腓肠肌

腹直肌

腹横肌*

耻骨肌

股直肌

胫骨前肌

益处	有下列问题时不建议做此项练习
• 强化髋关节	• 髋部问题

臀肌大全 1 式

1. 右侧卧姿，右腿伸直，左腿屈髋屈膝，将小腿收于右腿膝关节后侧，右臂屈肘放于头部下方，左手放于腰部。
2. 左膝保持弯曲状态，髋外旋至最高点，同时维持身体稳定，停顿数秒。
3. 髋内旋至最低点，回到起始姿势，重复以上步骤，完成规定次数或时间。对侧亦然。

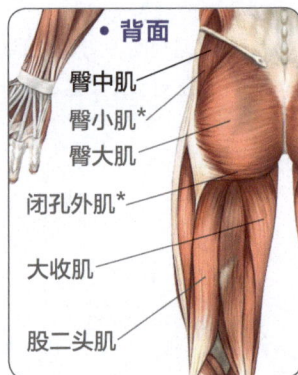

• 背面

臀中肌
臀小肌*
臀大肌
闭孔外肌*
大收肌
股二头肌

颈部、肩部放松。

始终保持背部挺直，运动速度要缓慢且有控制。

聚焦篮球

此练习可以强化臀肌，提高髋部力量和稳定性，有效预防转身投篮、变向过人等动作中可能造成的髋部损伤。

避免

1. 髋部外旋时躯干发生转动。
2. 颈部用力。

目标锻炼肌群

臀中肌
阔筋膜张肌

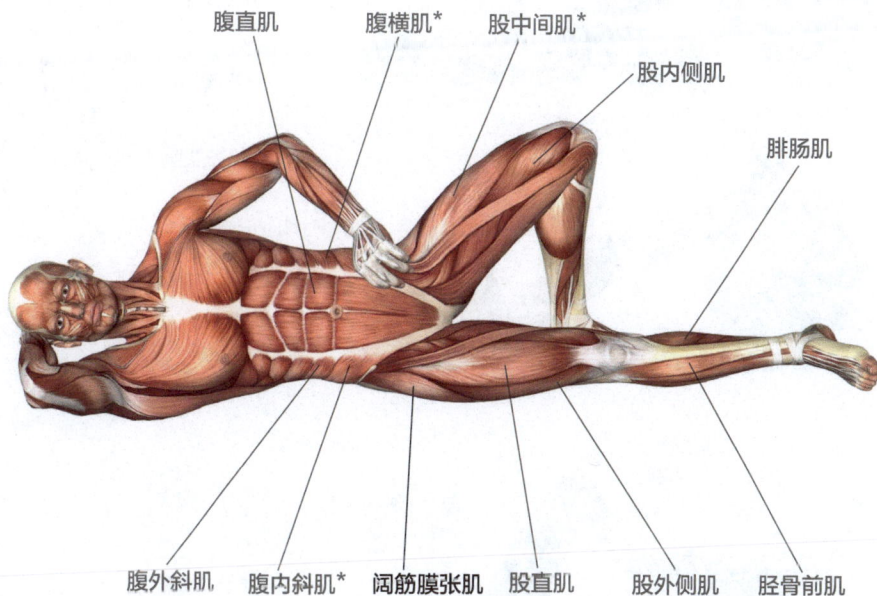

腹直肌　腹横肌*　股中间肌*

股内侧肌

腓肠肌

腹外斜肌　腹内斜肌*　阔筋膜张肌　股直肌　股外侧肌　胫骨前肌

益处

- 强化髋关节

有下列问题时不建议做此项练习

- 髋部问题

瑞士球－仰卧－勾腿

1. 仰卧在瑜伽垫上，双手放于身体两侧，双腿伸直，脚跟放在瑞士球上。
2. 腹部和臀部收紧，髋部抬起，使肩部、躯干、双腿呈一条直线。
3. 双腿屈膝，用脚跟将瑞士球拉向臀部，至双脚踩在瑞士球上。回到起始姿势，重复规定的次数。

放在瑞士球上的双腿与地面约呈 45 度。

弯曲双腿时动作要平滑顺畅，维持好对球的控制。

保持腹部和臀部收紧。

双臂始终贴在地面上。

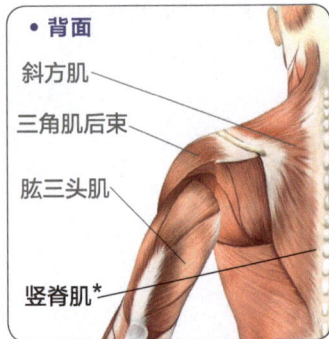

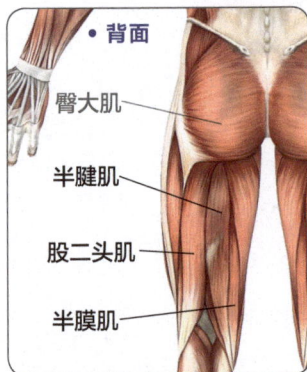

背面
斜方肌
三角肌后束
肱三头肌
竖脊肌*

背面
臀大肌
半腱肌
股二头肌
半膜肌

聚焦篮球

1. 在比赛中可能发生得最多的损伤之一就是腿后肌群拉伤。如果没有正确恢复，腿后肌群拉伤可能会持续几个月，可能很久都无法恢复。借助瑞士球勾腿锻炼腿后肌群，可以增强腿后肌群的力量，同时还可以在背桥动作中增加腰背部和腹部的力量。
2. 篮球运动中需要不停地起跳落地和急转向，增加腿后肌群力量可以帮助球员在这些类型的运动中保护膝关节。

避免

1. 完成动作速度过快。
2. 双腿弯曲时腰背下塌。

目标锻炼肌群

股二头肌
半腱肌
半膜肌
竖脊肌

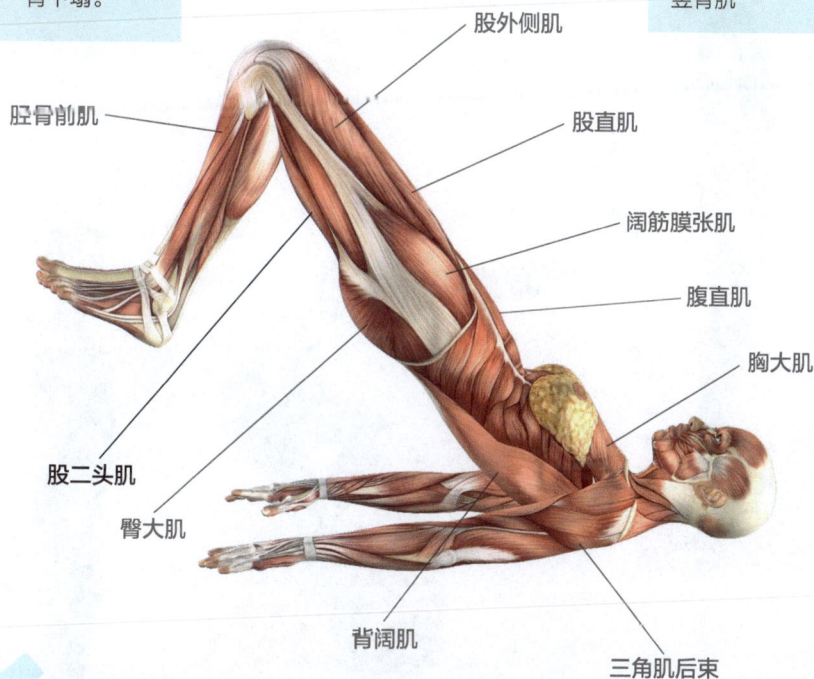

股外侧肌

胫骨前肌

股直肌

阔筋膜张肌

腹直肌

胸大肌

股二头肌

臀大肌

背阔肌

三角肌后束

益处

- 增大躯干力量和体积
- 强化腿后肌群

有下列问题时不建议做此项练习

- 膝部问题
- 髋部问题
- 下背部问题

跳箱－单腿箱上蹲

1. 单腿直立站在跳箱上，双手自然垂于身体两侧，非支撑腿悬空。
2. 双臂前平举，屈髋，臀部向后，右腿屈膝下蹲，至大腿约与地面平行，左腿悬空。
3. 快速站起，回到起始姿势，重复规定次数。对侧亦然。

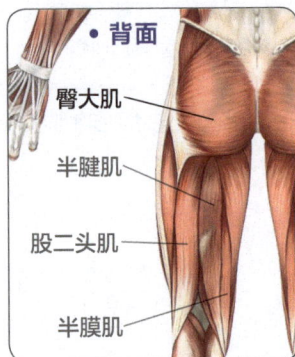

• **背面**

臀大肌

半腱肌

股二头肌

半膜肌

运动中，保持身体平衡，不要晃动。

左腿伸直，保持悬空。

聚焦篮球

此练习主要锻炼腿部肌肉，可以有效增强下肢肌肉的力量，增加下肢关节稳定性，使运动员在快速切入篮下、投篮和抢篮板球落地时更加稳定，不易受伤。

避免

1. 下蹲时颈部扭动、耸肩。
2. 弓背。

目标锻炼肌群

臀大肌
股直肌
股中间肌
股内侧肌
股外侧肌
腹直肌

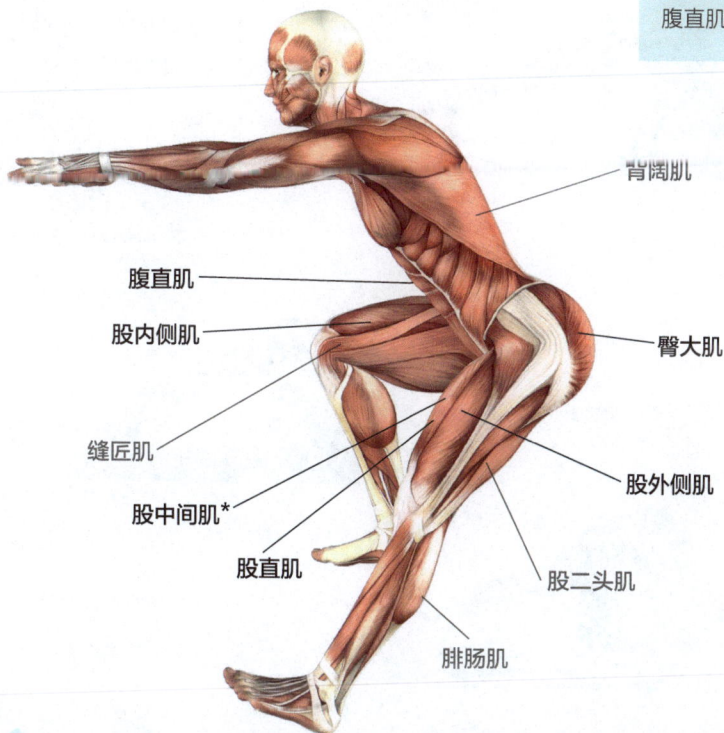

背阔肌

腹直肌

股内侧肌

臀大肌

缝匠肌

股中间肌*

股外侧肌

股直肌

股二头肌

腓肠肌

益处
- 增加下肢与核心的力量与稳定性

有下列问题时不建议做此项练习
- 膝部问题
- 髋部问题
- 下背部问题

瑞士球 – 上斜 – 转肩

1. 俯卧在瑞士球上,背部挺直,胸部不要贴球,双手置于头后。
2. 保持挺胸直背,躯干向左侧旋转,至最大幅度。
3. 回到起始姿势,换至对侧,重复以上步骤,重复规定次数。

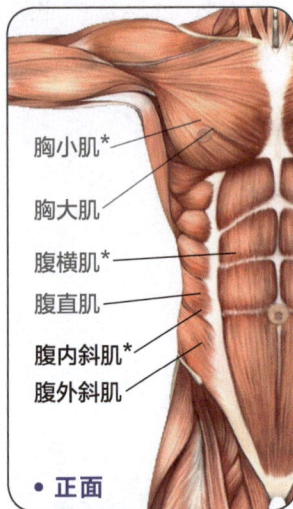

胸小肌*
胸大肌
腹横肌*
腹直肌
腹内斜肌*
腹外斜肌

● **正面**

脚尖踩地,保持稳定。

肘部弯曲,双臂外展。

视角 转换

聚焦篮球

1. 因为篮球运动要在多个平面上移动，所以躯干的所有区域都需要很强壮。此练习借助瑞士球的转肩可以锻炼旋转和侧屈所需的躯干侧面肌肉。
2. 在跳跃和争抢篮板球时，上半身可能处于不舒服的位置。强壮的核心有助于稳定上半身，减少跳起后着地时膝关节上的压力。

避免

1. 上半身旋转时髋部也跟着转动。
2. 身体晃动。

目标锻炼肌群

腹外斜肌
腹内斜肌
竖脊肌

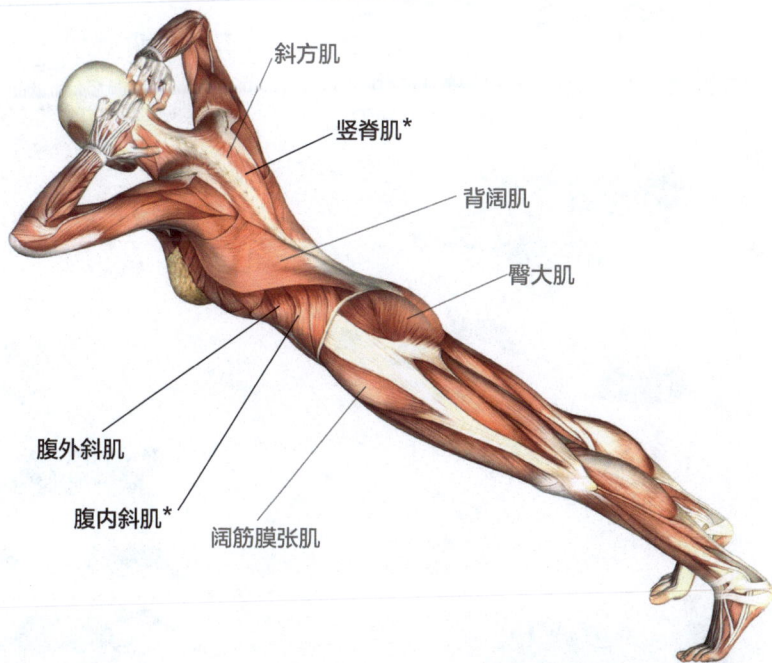

斜方肌

竖脊肌*

背阔肌

臀大肌

腹外斜肌

腹内斜肌*

阔筋膜张肌

益处

- 增强背部肌肉力量
- 强化腹斜肌

有下列问题时不建议做此项练习

- 颈部问题
- 下背部疼痛

哑铃－俯卧－双臂侧平举

1. 俯卧在训练椅上，双手各握一只哑铃，手臂伸直自然下垂。
2. 双臂同时侧平举，至手臂与地面平行。
3. 回到起始姿势，重复规定次数。

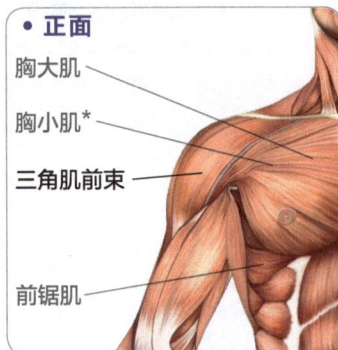

● **正面**

胸大肌

胸小肌*

三角肌前束

前锯肌

手臂伸直，注意肩胛骨的移动。

双脚前脚掌牢牢踩实地面。

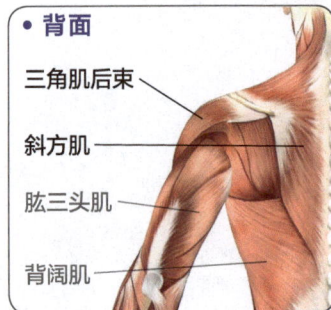

● **背面**

三角肌后束

斜方肌

肱三头肌

背阔肌

举起哑铃时呼气。

视角 转换

放下哑铃回到起始姿势时吸气。注意保持动作稳定且有控制。

聚焦篮球

此练习可以强化肩部和背部力量，有助于提高实战中拼抢篮板球和卡位时的身体对抗能力，同时可以提高肩关节灵活性，起到预防肩关节损伤的作用。

避免

1. 颈部用力。
2. 运动过程中低头。

目标锻炼肌群

三角肌前束
三角肌中束
三角肌后束
斜方肌

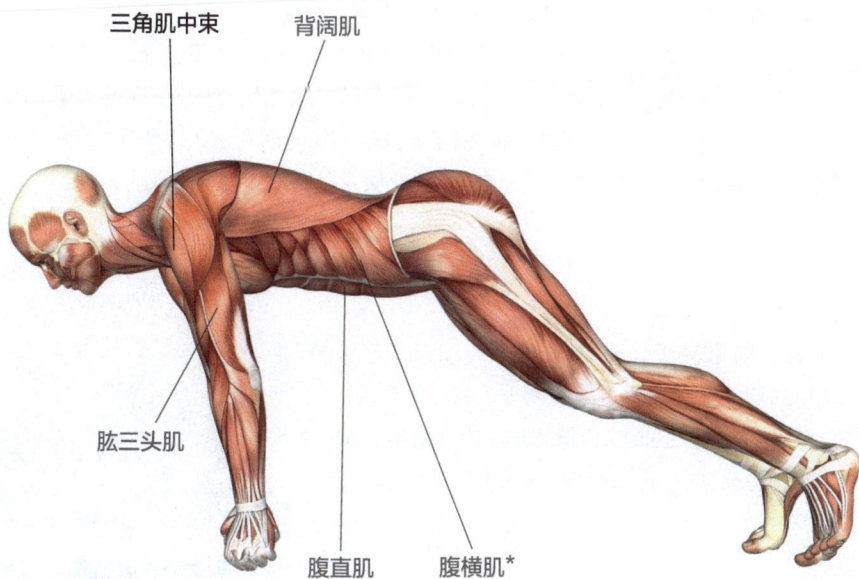

三角肌中束　　背阔肌

肱三头肌

腹直肌　　腹横肌*

益处

- 增大肩部和上背部力量

有下列问题时不建议做此项练习

- 肩部问题
- 背部问题

作者简介

黄岩，运动人体科学硕士，北京市体育科学研究所运动生物力学学术组组长，北京什刹海体育运动学校数字化体能训练中心负责人；国家体育总局教练员学院科学体能训练专家讲师；国家体育总局体能教练员资格考试认证考官；获得美国身体功能训练学院EXOS-III运动表现高级教练员讲师、美国人体运动表现学院IHP-MMA（综合格斗）运动表现高级教练员和FMS功能性动作筛查高级资格认证。

参与过3届全运会、北京奥运会、伦敦奥运会和里约奥运会的大赛备战工作，主要负责体能训练与科技助力手段的应用研究工作。同时，从2012年至今，负责北京市跆拳道、拳击、空手道、散打、击剑、武术、羽毛球、高尔夫球等项目的青少年运动员的二级选材工作。承担北京市科委及体育局局属课题10余项，参与奥运会攻关课题2项；发表会议、期刊论文10余篇，出版个人译著2本，参与编著、译著10余本。为"五四青年奖章"获得者。

焦健，国家男子篮球队前队员；1999至2000赛季CBA（中国职业篮球联赛）最佳新秀，在职业生涯中9次参加CBA全明星赛；现任北京市篮球运动协会副秘书长，朝阳区篮球运动协会副主席；北京市小篮球推广大使。

段松，理学学士，曾负责北京市多支专业队的体能训练与康复保障工作；现为北京什刹海体育运动学校体能教练，曾为多位全国冠军、全运会冠军与世界冠军提供体能训练服务；曾参与北京什刹每体育运动学校的青少年运动员选材工作。

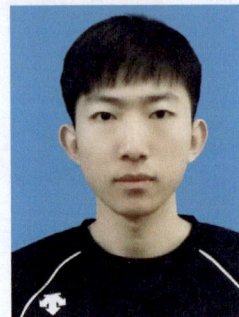